生徒指導の記録の取り方

個人メモから公的記録まで

周防美智子・片山紀子 著

学事出版

はじめに

　本書は『月刊生徒指導』2021年5月増刊号を改訂し、書籍化したものです。おかげさまで増刊号はすぐ品切れとなり、重版の要望が数多く寄せられました。ですので、このたびの書籍化はとてもうれしいです。

　さて、新人の先生は記録と聞くと、「え〜！ 面倒臭い」と思うことでしょう。既に学校現場で働いている先生であれば、通知表や指導要録に記載しなければなりませんから、そのためにも子どもに関する記録は何らかの形で取っているはずです。ただ、その記録ですが、

- 正しく取ることができていますか？
- 役に立つ記録ですか？
- 外部の人に見せられる記録ですか？

　ちゃんと
書けていますか？

　2022年12月、生徒指導の基本書である『生徒指導提要』が12年ぶりに改訂され、第1章には「会議録、各種調査票、チーム支援計画シート、教育相談記録等を、的確に作成し、規定の期間保持することが必要です」と、記録について明記されています。記録をもとにケース会議等を行うので、記録がないと何も始まらないのです。

　記録は、同僚間で対応を協議する際の基本資料となるほか、解決の糸口にもなり得ます。保護者に説明するときの助けになったり、第三者委員会が設置されたり司法に持ち込まれたりした場合には、有力な証拠にもなります。このため、記録はあるに越したことはないのです。

　きちんと記録が取れるようになると、子どもを冷静に見る癖がつくので、日常の学級経営がとても楽になります。記録があれば余裕をもって保護者とやりとりすることができ、生徒指導を含めてちょっとした出来事が大事（おおごと）になりにくいのです。

　既に「勘」だけで教師の仕事をする時代ではなくなりました。記録をもとに次のアクションを行う時代に入っているのです。記憶は時間とともに消えていきます。残念ながら過去に戻って記録を取ることはできません。これからはより一層、記録が必要とされるのです。どうせ記録を取るなら「役に立つ記録」に、なおかつ必要な時に必要な人に「開示できる記録」にしませんか。記録を取ると、以下のようによいことだらけです。

記録を取るメリット

✓ 子ども理解ができる。　　✓ 自分を守ることができる。

✓ 学級経営が楽になる。　　✓ 学校を守ることができる。

✓ 保護者対応が楽になる。　✓ 教師の専門性を高めることができる。

　執筆にあたっては、片山が教職大学院で学級経営や生徒指導を担当する立場から、記録の必要性や聞き取りの仕方について記しました（第1章・第5章）。

　周防氏は、学校問題サポートスーパーバイザー、SSW事業スーパーバイザーの立場から、具体的な記録の仕方や情報の整理、聞き取り、アセスメントの方法、支援計画等を担当しました（第2～4章、第6～11章）。

　現場が忙しく、時間がないことは、われわれもよくわかっています。ですから、みなさんが実践しやすいように本書を執筆しました。読者のみなさんにとって本書が、正しく記録を取るためのきっかけの書となったら、私たちはとてもうれしいです。

2023年5月　**片山 紀子**

目　次

1章

なぜ記録するのか

1 記録を取る習慣がないと 危機に見まわれる

📁 記録でパワーアップ

✓ 起こった出来事が整理され、その出来事を冷静に見ることができる。

✓ 記録をもとに事前に準備でき、自信をもって子どもや保護者の対応ができる。

✓ 起こった出来事を俯瞰して振り返ることができ、教師の専門性が高まる。

若手の先生に、「記録」について困った経験がないか聞いてみました。

> たわいもないトラブルだと思っていたことや、これくらいなら覚えているだろうと思って記録しておらず困ったことがありました。それもまだ、1つくらいならなんとか思い出せるのですが、2つ、3つとなったり、期間が空いたりすると思い出せません。保護者とトラブルになって初めて記録の重要性に気づきました。

> 小学生の保護者は、初めての学校生活ということもあって、細かいトラブルも気になって連絡してこられます。記録は必須です。

クラスに発達課題のある子がいて、医師とも連携をとっていました。保護者とうまくいっていない時期は事が大きくなることを想定して記録を取っていたのですが、保護者とうまくいくようになると子どもが何をしようが電話で連絡したら受け止めてくれるので、記録を残していませんでした。ただ、いざ医師と連携をとる時にその時期の記録が極端に少なく、様子などを思い出せず焦りました。

保護者から中学校にも引き継いでほしいと言われたことを、小学校の担任が記録していませんでした。そのことが発覚した際、保護者が激怒して職員室に来て大変なことになりました。小学校の担任が、そこまで重大なものと考えず、記録もしていなかったので、とても困惑しました。中学校の教員はその生徒が卒業するまで保護者に気を遣わなくてはならず、本音を言うととても迷惑しました。

　病院では、医師がカルテを書き、看護師が看護記録を書くのは当たり前の風景です。医師は、患者に行った治療の全てを記憶することなどできませんから電子カルテに書き込みます。看護師も、時間がくれば次の看護師や医療チームに申し送りをしますから、患者の情報を共有できるよう記録を取ります。医療現場では、施術をめぐって医療訴訟がなされることも少なくないため、そうした際は、カルテや看護記録を通して、どのような医療を施したかが証拠資料となります。

一方、学校はカルテのような形で、記録を取るという文化自体が根付いていません。もちろん評価などについては記録を残しますが、生徒指導事案についてはあまり記録を重視してこなかったというのが、これまでの学校だったかもしれません。

　しかし、今や、いじめ事案や体罰事案に関する第三者調査委員会が置かれたり、保護者から訴訟がなされたりすることが珍しくない時代に入っています。

　第三者調査委員会が設置されると、そこには学識経験者（教育学部の大学教員など）、司法の専門家（弁護士）、こころの専門家（精神科医や臨床心理士、スクールカウンセラーなど）、福祉の専門家（スクールソーシャルワーカーなど）、警察関係者（元警察官など）が、各教育委員会等から委員として依頼を受け、教職員や管理職から提出された記録を確認し、関係者にヒアリング（聞き取り）しながら検証していきます。

　2022年に改訂された『生徒指導提要』にも、いじめの重大事態調査は「公平性・中立性」を確保し、被害児童生徒・保護者の「何があったのか知りたいという切実な思い」を理解した上で行うよう、記されています。

　実際、学校で第三者調査委員会が調査を行うと、調査委員は苦労することが少なくありません。なぜなら、教員が記録を取っていないからです。記録がないゆえに、関係者にヒアリングをしても記憶が曖昧で、はっきりと答えることができないのです。

　記録がないわけですから、保護者や同僚だけでなく、裁判や第三者調査委員会にも証拠となる情報をもとに説明できません。対応した時点では、どの先生もしっかり状況を見極めながら行動していたはずです。しかし、残念ながら、時間が経つと記憶は薄れていくのです。

　記録もなく、記憶も曖昧で、それで自分の責任は免れると思うのは、今の時代、考えが甘いとしか言いようがありません。そうなると、自分だけでなく、学校も守れません。記録に基づいて説明できなければ、学校は窮地に立たされ、疲弊していきます。

　記録もなしに勘だけで生徒指導を行う時代では既にありません。危機を回避するリスクマネジメントの点からも、危機に対応するクライシスマネジメントの点からも、記録を取っておくことは不可欠なのです。

2 いろいろな形で記録は残せる

　「記録」と聞くと、なんとなくノートやタブレット、パソコンに記す「文字」のイメージが強いのではないでしょうか。

　いえいえ、記録は文字だけではありません。

　机や持ち物に書かれた「死ね」という落書きであれば、写真に撮っておくことができますし、子ども同士がケンカをしてケガをすれば、それも写真で残せます。SNS の誹謗中傷はスマホのスクリーンショットで残せますし、動画があればそれも残すことができます。汚された体操服や学習道具などの現物についても、必要であれば保存して残すことができるでしょう。

　本書では、文字で残すことを中心に記しますが、後から証明できるものであれば、なんでも記録になると考えてください。

3 記録を習慣にすると、仕事がサクサクできる

記録があれば、日常の「子ども理解」や「学級経営」、「保護者対応」に必ず役立ちます。保護者面談では子どもの様子を正しく伝えることができますし、通知表の所見欄に書くテーマも、記録があれば容易に思いつくはずです。

自分の勘だけで生徒指導を進めると、うまくいくこともありますが、間違った道を突き進むことにもなりかねませんし、もっとよいやり方があることに気づくこともありません。記録があれば、自信をもって子どもや保護者と向き合えますし、仕事がサクサクできます。

次に示す例は、若くて教育現場に出て間もない小学校勤務の男性教諭が、記録を取ることにトライしたことで、記録に助けられた経験です。

午後4時、子どもたちを帰し終え、職員室で一息つき、明日の授業準備をしようかと思っていたとき、電話が鳴った。

「うちの子が大泣きして帰ってきたのですが、詳しく説明していただけますか？」

今日起きたケンカについて保護者からの問い合わせだった。採用1年目の私なら、保護者からの問い合わせというだけで怯えていたが、2年目の私は落ち着いていた。なぜなら、事の詳細を詳しく記録していたからだ。

採用1年目のときの私は、明日の授業準備、校務分掌上の仕事、新任研修、そして日々の児童同士のケンカの仲裁や生徒指導など様々な業務に追

われ、とてもじゃないが毎日の様子を記録する余裕なんてなかった。

　採用1年目が終わる頃、教職経験20年以上の大先輩に呼ばれた。そして、はっきりとこう言われた。

「先生が、今年失敗した理由がなんだかわかりますか？」

　確かに、学級経営や普段の授業はお世辞にも上手とは言えなかったが、「失敗」と言われるほどではないと思っていたので、私はひどく傷ついた。

「わかりません。失敗したとも思っていません」

　私は精一杯、顔をつくろってそう答えた。

　先輩は続けてこう言った。

「そう思っていることこそが失敗ですよ。子どもや保護者は先生のことを心から信頼していたといえますか？」

　私は黙ることしかできなかった。先輩は優しくこう続けた。

「先生、教育は情報戦です。情報を詳しく記録している人が、子どもや保護者の信頼を勝ち取れるのです」

　詳しく聞くと、なんと経験20年以上の先輩もいまだに子ども1人ひとりの記録を取り、そして大きなもめ事などは「いつ・どこで・誰が・どのように・何が起こったか・その後どうなったのか」を詳しく記録していたのである。多くの子どもたちや保護者がその先輩のことをとても信頼している理由がわかり、ようやく納得することができた。

　採用2年目の学級経営が始まると、私は先輩のまねをして、見よう見まねで1日の子どもの様子、大きなもめ事の詳細を記録していった。時には、先輩に記録を見てもらい、どのような視点が足りていないか確認してもらったりもした。

「ずいぶん、記録の取り方が上手になってきましたね」

　先輩にそう言ってもらえるようになったときに、冒頭に述べた電話が鳴ったのだ。私は、記録をもとに事の詳細を話していった。

　すると、大泣きして帰った児童は自分が先に手を出したことを保護者には話しておらず、自分が相手にされたことだけを話していたことがわかり、そのことを丁寧に伝えることができた。

「あぁ、やっぱりうちの子も何かしていたのですね。おかしいなとは思っていたのですが……。お手数をおかけして申し訳ありませんでした。家でも十分に話しておきます。ありがとうございました」
と言って保護者は電話を切った。

　もし記録を取っていなければ、私は曖昧に話を伝えて、保護者は私の話を信用することはできなかっただろう。記録があったからこそ、丁寧に事実のみを確実に伝えることができたのである。

　私は職員室で思わず「あぁ、記録があってよかった」と大きな声でつぶやいてしまった。

（小学校教諭　高萩大貴）

　記録があるかないかの差は大きいです。たとえが適切かどうかはわかりませんが、生徒指導をコンピューターゲームにたとえれば、次のステージに進むために役に立つ様々な武器やアイテムがあるかないかくらいの差になります。

「時間がないから記録を取る暇なんてない」ではなく、「時間がないから記録を取っておく」ことが大事なのです。何の情報ももたずに生徒指導を行えば、何か事案が起きると釈明に要する時間、対応を模索する時間、そ

してそれによる心労が膨大なものになります。それらを大幅に減らせますし、何より自信をもって対応できるので、記録は教師の必須アイテムとも言えます。もちろん自分や学校も守れますし、最も守らなければならない子どもの安心・安全も守れます。

　以下は、記録で子どもの躓（つまず）きが見えてきた例です。

　学級の児童たちも新しい学級に慣れてきた7月。つけていた記録をふと見返してみると、ほとんどのトラブルに太郎くんがかかわっていた。しかも太郎くんとトラブルになるのは次郎くんのことが多く、なおかつ、算数科の学習の後の休み時間にトラブルが多いことがわかった。

　そこでさっそく、太郎くんに話を聞いてみた。すると、「算数の勉強が難しくて、算数の授業は嫌い。前の学年の時は、周りの友達と同じくらいできていたのに、なんか置いていかれているようで気持ちがモヤモヤする。でも、遊びには行きたかった。遊びに行ってたら、次郎くんが俺のことをバカにしてきて、ケンカになる」と言う。

　一方の次郎くんは、「算数の勉強の後の太郎くんと遊ぶのはイヤ。なんか、イライラした気分で遊びを始めてきて、そういうの見てるとなんか、俺もイライラしてくる。それに、太郎くんが遊びのルールも変えてきて、それを注意したら、ケンカになる」と答えてくれた。

　生徒指導は、記録によるデータの蓄積で決まる。子ども1人ひとりの簡単な記録を取っていると、子どもがいま頑張っていることや躓いていること、悩んでいることもわかってくる。

（小学校教諭　高萩大貴）

生徒指導の記録の取り方

4

保護者も記録している

　何か困ったことがあったからこそ、保護者は学校に電話をかけてくるのであって、困ったことが何もなければ電話などしてきません。ですから、そもそも保護者は穏やかに電話をかけてくるはずなどないと思っておくほうが無難です。もちろん丁寧に電話をかけてこられる保護者もいますが、それは「頑張って」穏やかに話しているだけのことです。

　それにもかかわらず、怒っている保護者に対して、自分には非がないといったことを主張してばかりの先生をよく見かけます。すぐに保護者をモンスターペアレント扱いする先生もいます。

　誰しも保護者になるのは生まれて初めてのことです。ですから、不安になるのはむしろ当たり前のことです。どうしたらよいかわからなくて困っているから電話をかけてくるのです。少し落ち着いてその不安な気持ちに思いを馳せることはできないでしょうか。連絡をもらった教師が苛立つことで、最初からボタンの掛け違いが始まります。ボタンの掛け違いをしてしまうと、教師にとっては損にしかなりません。

　さて、教師が記録を残すことも重要ですが、実は保護者の側でも記録は同様に取っていると考えておくのがよいでしょう。苦情を伝えようとする側からすれば、何の証拠もなしに申し出ても説得力がありませんから、当然記録はしているはずです。

2005年に長野県の丸子実業高校で起きたいじめ自死事案のように、保護者が事実とは全く異なることを捏造し、学校あるいは教員個人を訴えることもないわけではありません。

　学校も教員もそもそも訴訟には慣れていません。そこに記録がなければ不利にしかならないでしょう。脅すつもりはありませんが、事実を正しく時系列にして記録を残しておくことが自分たちの身も守ることを強く自覚してください。

　危機は突然やってきます。避けようがないものではありますが、日頃から危機管理をしていれば、例えば、記録の点から丁寧にやっていれば、危機が生じたとしても冷静に対応できるはずです。

　多くは、保護者も経験がないので、困っているが故に学校に連絡をしてくるのです。ただ、ごくごく稀に本当に困った保護者の方もいます。実は、その時こそ「記録はものを言う」ということも忘れないでください。

生徒指導の記録の取り方

5 グレーゾーン・トラブルを あなどるな

　よくあるのが、グレーゾーンの事案です。保護者とトラブルを起こしやすい先生の特徴は、こうしたグレーゾーンの事案について、「保護者への報告が遅い。あるいは報告がない」ということがその理由のようです。

　保護者から学校に次のような電話がかかってきました。「うちの陽子が同級生の花子さんにいじめられた。花子さんに二度としないようきちんと指導してほしい」。保護者から電話があれば、教員は該当する双方の子どもに事実を確認してみるはずです。確認した結果、保護者の訴えに応えるだけのことが判明すれば、その内容を記録し、伝えるでしょうし、陽子さんにも花子さんにも必要な対応や指導を継続するでしょう。

　ところが、子ども双方に聞いてみても、実際のところよくわからないということもないわけではありません。いわゆるグレーゾーン・トラブルです。担任はうまく答えられそうにないことから、保護者への返答をおろそかにしてしまい、「そのままズルズルと何日も放っておいた……」なんていうことがよくあります。

　そうなってしまうと、保護者の怒りは次第に大きなものになっていきます。最初の怒りは花子さんに向けられていたかもしれませんが、のちにそれは対応してくれない担任に向けたものに変わります。最初に電話をかけてきたときとは、怒りの矛先が異なるのです。

　案件によっては、わかっているところまでの報告しかできないこともありますが、それでもよいのです。そして、「いついつどこまで報告した」と記録します。はっきりわからないからと言って、報告がないとなれば、保護者は「先生は何もしてくれない」と思うようになっても仕方ありません。

　そもそも「自分の子どもがいじめられた」と思った時点で、教室内がうまくコントロールできていないのではないかと、教師に対する猜疑心が既に芽生えているはずです。わざわざ学校に電話をかけ、尋ねたにもかかわらず、それに対する返答がないということになれば、その猜疑心が確信に変わるのはむしろ当たり前のことです。

　わからなければわからないで、「調べた結果、今回はよくわかりませんでした。今後は双方をよく見ておきますので、何かあったら小さなことでもすぐにご連絡いただけると助かります」と、途中経過をできるだけ早く（当日か遅くとも翌日まで）報告し、いつ何を報告したかを記録する必要があります。グレーであったとしてもグレーのまま、わかっている範囲で保護者には報告します。

　そのあと、数日から1週間ほど経った頃、こちらから「陽子さんの様子は最近どうですか？」と、保護者に電話を入れて確認するとよいでしょう。記録を残しておけば、「5月20日の夕方にご連絡いただいた時点では調べてもよくわからなかったのですが、実は互いの誤解で生じていたことがわかりましたので、今日はその報告をさせていただきます」と、落ち着いて

情報を伝えることができ、それによって保護者に安心してもらうことができます。

　その際、「確か、以前にご連絡をいただいていましたが……」と言うのと、「5月20日の夕方、陽子さんが困っているというご連絡をいただき、その翌日のお昼に、調べたけれどもよくわからなかったという連絡を差し上げていたかと思います。今回その理由がわかりまして……」と言うのとでは、担任として得られる信頼が全く違います。

　記録することによって、事実を正確に伝えられるからという理由だけでなく、記録に基づいて自信をもって堂々と対応できることが、教師自身に余裕をもたらし、そのことが保護者からの信頼につながるのです。

6 記録が教師の専門性を 高める

> ✓ 教師の専門性は、勘と経験だけでは高まらない。
> ✓ 勘と経験に記録を加えると専門性が別の次元にまで高まる。

　生徒指導事案は、自由にアイデアを出してブレーンストーミングすれば そこから解決に向かうような類のものではありません。ましてや勘と経験 だけで解決するようなものでもありません。

　自分が取った記録、すなわち事実を眺めることをまず大事にしてくださ い。記録の仕方はノートに記入する方法でもよいですし、パソコンやタブ レットに入力する方法でもどちらでもよいのですが、記録を取るという行 為自体にまずは意味があるように思います。

　自分を俯瞰しながら自分を見つめる機能、すなわち省察する機能が伴う のが記録を書くメリットだといえます。自分を振り返る、省察するという ことが自然とできるようになるのです。省察とは、「過去の出来事につい て意図的な再評価を行い、その内容、プロセス、想定のゆがみを見極め正 すことを通して、出来事の妥当性を再検討する作業」（Mezirow・1991を 意訳）のことで、それは教師の専門性を高めることに直結します。

　さて、記録を取ると、なぜ省察になるのでしょうか？　正確に言うと、 記録を取ること自体が省察になるわけではなく、記録を取ることで自然と 事実を振り返ることになるので、省察につながるという意味です。起こっ た出来事を書くとなれば、記憶をたどり、生じた事実を順番通りに並べて

記す必要があります。それだけでも十分に記録として役立ちますが、教師であれば自ずとその先を考えようとします。例えば、記録を眺めながらなぜその子はそういう行動をしたのか？　自分はその時なぜ見過ごしてしまったのか？　など、記録した者がその事実について、考えをめぐらすようになります。

　それによって、自ずと自分の指導方法はどうか？　あるいは普段の学級経営の中で子ども同士の関係を整えるにはどうしたらよいのか？　など、教師としての振る舞いや学級経営、授業のやり方などについて静かに自分自身を振り返るようになります。

　誰かに「あなたのあの指導はよくなかった」と自分のまずさを指摘されるわけではありません。記録する行為を通して、なんらかの気づきが得られるのです。そうした気づきが得られれば、普段の学級経営や授業のやり方など、小さなことであれ見直すでしょうし、修正していくでしょう。そのことが教師の力量を高めるのです。

　職員室で同僚と議論する中で省察し、気づきが得られた経験は読者のみなさんにもあるでしょう。ただここで述べたいことは、省察は人と話すことによってしか実現しないものではなく、書くことによっても、具体的には記録を取ることによっても可能だということです。多様な省察の方法があり、記録を取ることもその1つです。

　教師になった早い段階で、正しく簡潔に記録することを習慣にしましょう。記録によって豊潤な実りがもたらされることに気づけるはずです。

⑦ 記録をもとにチームで対応

　記録をまん中に置きながら、教師同士の考えの違いをどう活かすかも大事です。教師は、子どもに多様性を認めることを説く一方、自分自身はむしろ斉一性を求め、考えが違う人を無意識のうちに敬遠します。誰しも自分とは異なる別の考え方に出食わすまで、無意識のうちに自分の考えが正しいと考えていて、視点を変え、違った立場から見ることは、かなりハードルが高いことです。既にもっている自分の認知を修正したり、拡大させたりすることが、本人には負荷となるからです。

　教員にはそれぞれ「クセ」があるだけでなく、若手とベテランでは子どもや保護者の理解など、認識に「ズレ」もあります。学校には様々な年代の教師がいて、多様な教師もいて、教師によってそれぞれ考えが異なり、そこに「ズレ」があるからこそ、実は組織であることの意味があるのです。

　誰か1人の教員が解を出せば、判断は速いかもしれませんが、必ずしも最適解となるわけではありません。対応も早くて楽かもしれませんが、「ズレ」を活かせないのであっさりと方向を誤ってしまうこともあります。

　子どもや学校にとっての最適解はそれぞれ異なります。1人ひとりが違う見方をすることを赦し合い、議論し合う中で、その時点における、最適解が得られます。ファシリテーターがそれを声に出して確認することが大事です。場が整っていれば、いろいろな角度から遠慮なく意見を言えます。互いを非難することが減り、本音を言いやすくもなります。すると、記録も偏りのないニュートラルなものになっていくはずです。

2章

観察・気づきから始まる記録

記録はいつから始めるか

📁 **観察・気づきと記録**

✓ 教員の観察・気づきが事案を予知する。

✓ 事案を予知した時から記録を始める。

✓ 記録を始めることで子ども理解が深まる。

✓ 記録によって、子どもの対応（指導・支援）のタイミングがわかる。

✓ 記録によって、保護者との対応時期を計ることができる。

　「記録はいつから始めればいいのか」と思っている教員は少なくないでしょう。記録は、いじめ、暴力、不登校、児童虐待など、事案の発生・発見から始まることが多いでしょうが、事案の発生・発見前に、教員は観察、気づきから事案発生を予知していることが多いのです。教員の観察、気づきも日頃の記録として書くことで、子ども指導・支援のタイミングを計ることができます。もちろん、保護者対応の時期もわかりやすくなります。

　教員の観察や気づきまで記録するとなると時間がないと思われるでしょう。しかし、教員が観察や気づきで気になるところは「子どもの変化」「いつもは見られない言動」ではないでしょうか。これらは、何か事象が起きるかもしれないと考える「教員の予知・予測」です。

　「子どもの変化」「いつもは見られない言動」は、日頃の記録として残しましょう。

生徒指導の記録の取り方

2 観察・気づき

　子ども観察では、見えやすいものと見えにくいものがあります。見えやすいものは、子どもが表出する言動です。一方で見えにくいものに、気持ち（こころ）があります。子どもの気持ち（こころ）は、成長とともに、環境とともに揺れることがあり、不安になったり、自己肯定感が下がったり、恐怖感が生じることにつながります。

　見えにくいところの観察は、教員と子どもの会話、子ども同士の会話、教育相談などを通して教員の気づきを発揮してください。

友達同士の会話　気持ちのSOSです。

> 最近、楽しいことがないんだ。
> 眠れないし、怖い夢も見て……

　子どもの気持ち（こころ）のSOSは、授業中の様子からも観察することができます。例えば、緊張の高い子どもは背筋をピーンとさせた状態（背筋が緊張状態）で座っていたり、周囲が笑っても無表情だったり、また、イライラしている子どもは、体の一部が動いていて落ち着きがないように見えていたり、物を落とす回数が多かったりします。授業中や教室巡回するときの観察点に入れるとよいでしょう。

> このような日常の観察、気づきを記録に書いてみましょう。子どもを継続的に見守る指標になり、変化の見落とし予防になります。

3 観察・気づきの記録

子どもの言動を見たまま、聞いたまま、事実を記録しましょう。

《記録の例》

○年4月20日	Aは、昨日から友達と遊ばずに自席で本を読んでいる。
4月21日	Aは、自席で本を読んでいる。時折、本から目を離し、ぼーっとしている。傍らに行き、呼名するが下を向いている。

> いつもと違う様子に気づく

> 状況の継続と変化
> ↓
> 対応のタイミング

記録の例では、**教員が見た状態、教員が行ったこと、子どもの反応**をありのままに記録しています。

> 次章から
> 様々な事案による記録のポイントや
> 具体的な書き方を説明します。

3章

記録することの意義

1 日々の記録

　日々の指導・支援は記録に残すことが大切です。しかし、全ての指導や支援を記録に残す時間は取れません。指導・支援が継続する可能性が高いものについては、記録を取りましょう。

《記録すべきもの》

❶保護者に連絡をしなければならない、子どもへの指導・支援

❷同じ子どもに対し1週間に数回、あるいは月に数回行う指導・支援

❸指導・支援や対応の必要がなかった子どもに対する指導・支援

❹子どもの変化に気づいたとき

❺学級全員への指導・支援　　　　　　　　　などが、あります。

《**記録するときの留意点**》

　記録には、**必要とされるエピソード**を書くことが大切です。

　日常の記録に、子どもの出来事（エピソード）がぎっしり書かれていることがあります。教員の対応の大変さはわかりますが、行った指導・支援が見えません。

　子どもの肯定的エピソードがなく、マイナス評価的なエピソードばかりの記録は、教育的記録としては不適切です。

- Aは教室に入ると手提げ袋を振り回し、Bの顔に当てる。
- Aに2時間目、指導をすると教室を出ていく。
- Aは長休み、Cに○○と暴言を吐き続ける。
- AがDを叩いたので指導すると、教員を叩いた。

など、マイナス評価的なエピソードだけの記録は、NGです。

　記録に必要なエピソードには、どのようなものがあるでしょうか。

❶子どもの課題が、なぜ生じているのかを探るためのエピソード
❷子どもの変化を表すエピソード
❸指導や対応後のエピソード

　　　　　　　　　　　　　　　　　　　　　　などがあります。

　記録は、必要なエピソードを組み合わせて書きましょう。

OK
記録

- AはBから手提げ袋を片付けるように言われると、手提げ袋を振り回し、Bの顔に当てる。　……❶エピソード
- Aに2時間目、無駄話をやめるよう指導すると教室を出ていく。　　　　　　　　　　　　……❶❸エピソード
- Aは長休みCが走っていてぶつかってきたことで、Cに○○と暴言を吐き続ける。Cがぶつかったことを謝ると、Aも「ごめんね」と謝る。　……❶❷エピソード
- AはDに睨まれたと思い、Dを叩く。担任が双方の話を聞き指導すると、Aは「僕は悪くない」と担任を叩く。
　　　　　　　　　　　　　　　　　……❶❸エピソード

記録のエピソードから、Aは指示や指導、攻撃されたと感じるとよくない行動が見られ、自分が悪いと思うと謝ることができる強みがあることがわかります。

➡ **記録が、子どもの理解、指導・支援につながります。**

日々の指導や対応は、記録に残すことが大切です。

指導手帳に書かれたある記録を見てみましょう。

日　付	予　定	備　考
5月8日(木)	16：00　職員会議	17：00　Bへの暴言・暴力で、A母にTEL
5月9日(金)		

> 初めての指導・対応、継続しない指導・対応であれば、これでOKです。

しかし、対応が継続した場合……

日　付	予　定	備　考
5月8日(木)	16：00　職員会議	17：00　Bへの暴言・暴力で、A母にTEL
5月12日(月)	下校指導	16：30　Cへの暴力で、A母にTEL
5月14日(水)		Aが1日教室に入らず、家庭訪問し、母に説明

> 指導・対応が続く場合は、もう少し詳しく書くとよいでしょう。

書いてみましょう

5月8日（木）

　2時間目の算数の時間に、Bの発表がほめられました。その直後、Aは「Bは、先生からほめられうれしがっている」とはやし立てました。「やめて」と言ったBをAが押し、Bはからだを机にぶつけました。Bは保健室で手当てを受けました。17時にAの母親にBに対する言動と指導について電話をしました。母親は「そうですか」と言いました。

5月12日（月）

　3時間目の図工の時間に、AがCの画用紙に鉛筆でいたずら書きをしようとしました。Cが「やめてよ」と言うと、Aは急に怒りCの顔を叩きました。Cは保健室で手当てを受けました。

　16時30分に、Cへの暴力と指導について母親に電話しました。母親は「相手も悪いのではないですか。いつも、先生は、Aのことばかり言って」と言いました。

5月14日（水）

　登校したAは、教室に入るなり「勉強なんかしたくない」と、教室を出ていきました。この日は、1日教室に戻らず、校内を歩き回っていました。

　担任や他の教員が声をかけると逃げてしまいました。給食は、保健室で食べ、下校時間になるとランドセルを教室に取りに戻りました。担任はAを自宅に送り、母親に朝からの様子を伝えました。母親は、「Aの好きなようにさせておいてください」と言いました。担任は「Aと話してみます」と伝えました。

日　付	予　定	備　考
5月8日(木)	16：00 職員会議	
5月12日(月)	下校指導	
5月14日(水)		

《記録の例》

日 付	予 定	備 考
5月8日(木)	16：00 職員会議	2時間目、Aが担任からほめられたBに対し「Bは、先生からほめられうれしがっている」とはやし立てる。「やめて」というBをAが押し、Bはからだを机にぶつける。保健室にて処置を受ける。 17：00　Aの母親に架電。Bへの言動、指導を説明。母親は「そうですか」と言う。
5月12日(月)	下校指導	3時間目、AがCの画用紙に鉛筆でいたずら書きしようとする。「やめて」と言われると怒り、Cの顔を叩く。Cは保健室にて処置を受ける。 16：30　Aの母親に架電。Cへの暴力の経緯、指導を説明。母親は「相手も悪いのではないですか。いつも、先生は、Aのことばかり言って」と言う。
5月14日(水)		Aは登校後、「勉強なんかしたくない」と、1日教室に入らず、校内を歩き回る。給食は保健室で食べる。 下校時付き添い、母親に状況説明。母親は、「Aの好きなようにさせておいてください」と言う。担任はAと話をすることを伝える。

　時間割を確認すればわかるので教科は省略しています。母親の反応として、母親が話した内容を記録しています。

　指導や対応が継続される場合は、ケース会議の対象となったり、いじめ事案となったり、進級時の引き継ぎ対象となることがあります。他の教員が読んでも、Aと保護者の様子がイメージできるように、少し詳しい内容を記録しておきましょう。

記録は、大別すると、
❶個人的な記録…記録した個人しか目にしない。個人保存
❷公的な記録……ケース会議などで、他の人も目にする。学校保存
　　　　　　　の対象

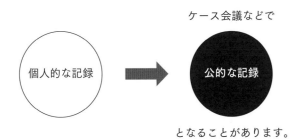

ケース会議などで

個人的な記録　➡　公的な記録

となることがあります。

重要性が低いと考えがちな個人的な記録も、
実はとても重要なものです！

2 多くのことを書かなくてよい

忙しくて、
記録する時間がない。

必要なところに絞って
記録しましょう。

個人的な記録、公的な記録ともに、

❶支援や指導を行った日と時間を書く。

❷どのような目的で何を行ったかを書く。

❸行ったことによる子どもや保護者などの反応を書く。

❶～❸を明確にして書くことが大切です。

事実を残すつもりで書いてください。

事　例

2022年12月8日。A子さんが部活でBとぶつかって転倒し、足をケガしました。

保健室で手当てを受け帰宅することになりました。顧問は、A子さんが下校する16時半に、母親の携帯に電話しましたがつながらず、部活終了後の17時15分に、ケガの経緯などを伝える電話をしました。

一過性の対応であれば、この内容でもいいかもしれませんが、継続指導・支援が予測される場合は、もう少し詳しく書きましょう。

| 2022. 12. 8 (火) | A子部活で足をケガ、母親に電話 |

時間が書かれていません。

継続指導が予測されることを意識して書いてみましょう

2022. 12. 8 (火)	

このような書き方はどうでしょうか。

相手が出なくても、電話をした
記録を残すことが大切です。連
絡の有無でトラブルになったと
きに必要になります。

2022. 12. 8 (火) 16：30	Aの部活でのケガを報告するため、母親の携帯に電話するが出ず。
17：15	電話で母親に、転倒によるケガの経緯を報告。必要時の受診を勧める。状態確認のため、登校前に電話することを伝えるが、母親から学校に電話をすると言う。

教員が話したこと、それによる反応の
ポイントを要約しました。

　この事例は、その後、Aの受診、通院治療が必要となり、保護者が登下校時の送り迎えをすることになりました。

　また、AからBに部活中に何度も嫌がらせをされたと相談があり、いじめ事案として聞き取りが始まりました。

　初期対応の記録が重要となります。

3 教員が些細なトラブルと 考えるときの記録

　教員が些細なトラブルと考えるのは、何が基準になっているのでしょうか。子どもは、些細なことと感じているのでしょうか。保護者はどうでしょうか。子どもや保護者は、些細なトラブルと受け止めた学校に不満を感じているかもしれません。

✓ 些細なトラブルと判断した対応ほど危険なものはない。
✓ 些細なトラブルと判断したことの根拠がない。

些細なトラブルと判断したときは、1週間程度の見守りが必要です。

【些細なトラブルの判断】

トラブル発生後

見守り（当事者の表情、言動や当事者間の関係、保護者の反応　等）

1週間程度

| 継続指導・支援 （重大なトラブル） | 指導・支援不要 些細なトラブル |

➡ 継続指導・支援が必要なトラブルになって困らないように、 トラブルの事実を記録に残します。

　トラブルの状況をありのままに残すこと、「この子どもは」「これぐらい」といった先入観が入らないことが重要です。

《トラブルの状況を記録する》

❶日時

❷教員がトラブルを知った経緯

❸トラブルが起こった場所

❹どのような状況でトラブルが起きたか

❺トラブル対応後の子どもの反応

　について、簡単に記録しておくといいでしょう。

《トラブル記録の例》

R4・10・18　（5時間目終了後）
AとB、体育後の更衣室で着替え
中に、荷物の置き場所で口論。C
が担任を呼ぶ。担任指導後、互い
に「ごめん」と言う。

対応後の反応は、記録に必要

　トラブルの内容を些細なことだと教員が判断しても、

❶当事者間でよく起こるトラブル

❷トラブルの相手は異なるけれど同じようなトラブルが起きている場合

❸当事者双方に不満が残る場合

は、些細なトラブルとは言えません。

4 記憶が曖昧にならないうち に記録する

「覚えておいて後で書こう」

後で書くことで、事実とは少し違った表現になったりする ことがあります。

《後で書いた記録の例》

> 何を目的に指導・面談を行ったか、 指導・面談での反応を忘れずに！

9月下旬	生徒に指導
10月上旬	母親と面談

> 日時は、忘れずに！

> 教員が行った面談や指導の証明に はなりにくく、信憑性が低いです。 **教員が行った証しを、しっかり残 しましょう。**

➡ 忙しいときは、メモ書き程度でもよいので 記録を取るようにしましょう。

5 記録することの意義

記録によって、子どもの安全や発達保障のために行った指導・支援を客観的に証明します。

> 「よい実践は、よい記録から生まれる」
> 「よりよい記録がなされてこそ支援・指導の効果も高まる」と言われる。

（1）記録をもとに情報共有

校内では、同じ事案にかかわる教職員は複数います。

かかわる教職員の視点が異なります。

どの視点が正しいの？

どの視点も正しいです。
情報を統合しましょう。

情報の統合って、どうするの？

記録を1つにまとめて
整理しましょう。

例えば……

《行き渋りがある中学生の場合》

関係する教職員

担任、養護教諭、科目担当教員、
部活顧問、前担任、スクールカウンセラーなど

多面的な視点からの情報（記録）が集まる。

多面的な情報を１つの記録にして子ども理解を深める。

　情報を１つの記録にすることで、個人レベルの認識による子ども理解ではなく、多面的に子どもを理解することができます。

　➡ 情報を一元化するためには、
情報の集約担当を決めておくとよいでしょう。

（2）情報共有のための時間を減らす

　多忙な中で、情報を共有するために関係者が時間を合わせることは難しいことです。

情報共有は集まらなくても可能です。

> 情報が記録されていれば、PC ファイルや印刷物、
> 写真などで情報を共有できる。

会議やミーティングの情報共有時間は不要です。

> 情報が書かれた記録・資料を事前に配布する。

➡ **情報共有時間を減らすことで、**
会議やミーティングの時間短縮を図ることができます。
多忙な教員だからこそ、記録活用による情報共有が必要です。

（3）校内事案を把握する

校内でどのような事案が起きていて、
どのような対応をされているのか
知っていますか？

学年のことなら
知っています。

子どもは、学級内だけで、学年内だけで行動
していません。担当の教職員が情報を共有し
ておけば、適切な対応ができるわけではあり
ません。

校内のことを知るっ
て、難しいです。
それぞれ担当の教員
がいるので……

校内の情報を知っていれば、事案の指導や対
応が必要になったときに困らないと思います。

情報共有がされていなかった事例

　長時間、集団の中で過ごすことが困難なＡに対し、担任、学年主任、教育相談担当教員、スクールカウンセラーは、教室で学ぶ時間と別室での自習を組み合わせた支援を行っていました。

　真面目なＡは、時間割に合わせ、別室で学習した後は、必ず教室に戻り授業に参加していました。Ａが別室で過ごしている時間は、関係者の教員が担当することになっていました。

　しかし、その日は別室が使えず、どの教員も一緒に学習できなくなりました。担任がＡにそのことを伝えると、Ａが「1人でも大丈夫」と答えたので、担任は図書館で自習学習をするように伝えました。

　Ａが図書館で学習をしていると、校内の見回りをしていた教員が図書館に入ってきて、Ａを見ると「授業が始まっているから教室に戻りなさい」と指示しました。Ａは、馴染みのない教員には事情を伝えることができず、教室に戻っていきました。

　その翌日から、Ａは学校を休むようになりました。

事例を読まれて
どのように思いましたか？

見回りの教員が、Aから
しっかり話を聞かなかったのが
よくなかったと思います。

どうすればよかったのか考えてみましょう

見回りの教員が、Aから話を聞くということは、必要でした。しかし、Aの性格や現状、指導・支援状況、登校時のスケジュールなどの情報が共有されていたら、Aへの声のかけ方や対応は変わっていたのではないでしょうか。

事案の情報共有がされていない教員の言動として、

　❶指導や対応が適切でない場合がある。

　❷対象の子どもへの配慮や見落としが起こる。

　❸対象の子どもの保護者への配慮に欠ける。

　❹校内の支援や指導に一貫性が図れない。

（4）関係機関と連携する

学校は、複雑・多様化した子どもの問題対応に限界を感じています。問題行動や不登校などが増加し、教員不足もあって、教員の負担感・疲弊感は大きくなるばかりです。

学校ができること・できないことを明確にして、関係機関と連携することが必要です。

考えてみましょう

　関係機関と連携が必要な事案には、どんなものがありますか？

学校が関係機関と連携するものには、

- 児童虐待
- ヤングケアラー
- 家庭環境からの不登校や長期欠席
- 生育歴（家庭環境）からの集団不適応、非行
- 生育歴（家庭環境）からのメンタルヘルスの課題
- 発達の課題
- 経済的問題
- 保護者の疾患による養育課題

などがあります。

学校ができることは、何でしょうか。

　学校は、子どもの学習権や発達権を保障するところです。子どもの支援を行おうとする場合、子どもの背景にある学校、家庭、地域などの調整を図る必要があります。

➡ しかし、学校ができることは、一部分です。

➡ 家庭や地域調整を主として行うところは
行政機関（児童相談所や市町村）・福祉機関です。

児童領域の行政機関・福祉機関は、子ども支援と（子ども支援のための）家庭の支援を行っています。

確かに、ずいぶん前には教員が家庭の課題にまで対応していた時代がありました。その名残で、教員が子どものために家庭の改善を図ろうとすることがありますが、改善を図ることは難しいです。
そのため、**関係機関連携が必要になります。**

《学校と関係機関の連携》

学校は、子どもの問題解決のために関係機関と連携（情報および行動連携）を行い、効果的な支援をしましょう。

【支援連携の状態】

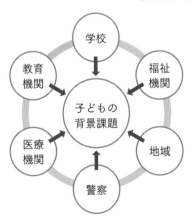

子どもの背景課題の調整のために、学校が他機関と連携し、各機関がそれぞれの機能（役割）を生かした支援を行う。

53

関係機関連携を行う場合は、学校の記録が不可欠です。

記録によって学校ができること、行った指導、支援を明らかにする。	→	学校ができないところを、関係機関と協働・連携する。

なぜ、関係機関連携が必要なのかが明らかになります。

＊児童領域の関係機関は記録を大切にしている領域であり、記録が連携の
　一部になっています。

6

記録は、
教職員と学校を守る

記録の活用

　保護者が担任に対し「先生は、子どもと話をしているのか。子どもの話を聞いているのか。子どものことをわかっているのか」と言って来校した。

OK　　　　記録があれば

記録を確認しながら

「○月○日の放課後に、教室で、○○について話をしました」。▲▲君は「○○については安心しています。ありがとうございました」と言ってくれました。

対象の子どもの名前を入れることで、保護者の安心・信頼を高めます。

先生は、うちの子の話を聞いてくれたんだ。この先生なら安心だ。

NG　記録がなければ

記憶を頼りに

「えーと、10日ぐらい前に、
教室で▲▲君と話しました」
「大丈夫な様子でした」と答えました。

具体的な内容でないため、
保護者が不安に感じる表現です。

本当に話してくれているのかな。
不安だな……

継続指導が予測されることを意識して書いてみましょう

事　例

　2月10日の昼休みに、Aが、「隣の席のBが黙ってシャープペン
シルを使うので嫌だ」と担任に言ってきました。
　担任は、授業が終わった放課後にBを相談室に呼びました。

　担任は、BにAのシャープペンシルを借りたのかを尋ねました。Bは、黙って使ったことを話しました。

　そこで、人のものを借りるときはどうすればいいのかをBと一緒に考えました。

　Bは、「これから借りるときは、声をかける」と言い、「Aに黙って使ったことを明日謝る」と言いました。（面談・指導の状況）

　1週間後、Bの母親から担任に電話がありました。担任は、母親から「先生は、Bが勝手にシャープペンシルを使ったから、Aに謝罪するようにと言った。それは、Bが悪いと決めつけた指導です」と言われました。

　担任は、記録をもとにBに行った面談と指導について伝えました。母親は、「本当ですか」と確認しました。担任は、「はい、面談や指導の内容は記録しています」と説明しました。

面談・指導の状況を記録しましょう

《記録の例》

> 　2月10日授業終了後、Aの訴え（Bが黙ってシャープペンシルを使い嫌だ）に対してBと相談室で面談。BにAのシャープペンシルを借りたかを確認する。
> 　Bは「黙って使った」と話す。
> 　人のものを借りるときはどのようにすべきかを一緒に考える。
> 　Bは「これから借りるときは、声をかける。黙って使ったことを明日謝る」と言う。

＊日時、面談の目的、教員の指導と子どもの反応を書きました。

　記録は教職員の教育指導や支援の事実を客観的に明らかにしたものです。

　「自分の言動が記録に残るのは嫌だ」と思う教員がいるかもしれません。

　事案に司法が介入したり、保護者からの説明要求があったりしたときは、記録を根拠として報告、説明します。

➡ 記録は、教員や学校が行っていることの証^{あか}しとなり、

**　教員や学校を守ってくれます。**

4章

事実を記録する

1 事実を記録するための聞き方

　正しく記録するために、子どもや保護者の話をどのように聞き、理解しますか。

事実と違うな……

先生、あのね……

　教員は正しいことを伝える職業です。ついつい間違った話をされると、相手が話の途中であっても「そうではなく」「少し違って」などと正しいことを伝えようと、話を中断させてしまうことがあります。

　話を中断してしまうと、子どもや保護者には……

❶話を聞いてくれない

❷否定された

❸疑われた

❹不満や不信感

❺距離を感じる

　　などの思いが生じます。

どうすればよいでしょうか?

　話を聞き終わった後に、話の内容に同意ができなければ、

「○○さんは、○○のように考えられているのですね」

「○○さんは、○○のように思われたのですね」

「○○さんは、子どもさんから、○○だと聞かれているのですね」

など、話の内容を要約して返してください。

○○君は、○○のように
感じたのですね。

　必ず、主語となる「○○さんは」をつけ、話を聞いたと伝えるために、
子どもや保護者の主訴を返してください。

　これが、しっかりと話を聞くということ、傾聴するということです。

➡ 会話の内容の事実を記録するためには、

相手の語りの真意を聞き取ります。

A君と担任の面談の様子

B君が、体育の時間に
後ろから押すので嫌でした。

それは違うと思うよ。
体育の時間だから偶
然、当たったんだよ。
A君の思い過ごしだ
よ。B君は押すよう
な生徒ではないよ。

先生はわかって
ない。僕のこと
疑っている……

教員はどのように受け止めればよかったのでしょうか。

　ふきだしに、言葉を入れましょう。

言ったことを
わかってくれた。

会話の例

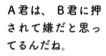

A君は、B君に押されて嫌だと思ってるんだね。

言ったことをわかってくれた。

「体育の時間だから」には、担任の「体育の時間なら子ども同士がぶつかったり、当たったりすることもあるだろう」という思い込みがうかがえます。さらに、B君に対する認識の先入観があります。

　教員の誤った認識が、A君の話を聞くこと、事実の確認を怠ることにつながっていきます。また、教員の認識によってA君を否定し傷つけています。

　A君の訴えには、日常のA君とB君の友達関係が含まれているのかもしれません。あるいは、いじめをほのめかしているのかもしれません。「これぐらい」「いつものことだから」「この子なら問題ないだろう」などと思わずに、また、先入観をもたずに子どもの話を聞くようにしてください。

聞き方のポイント

❶Aの思い（主訴）を受け止めることから聞くことが始まります。

❷Aの思いを理解したあとで、どのような状況の中で押されたと思ったの
か、感じたのか等を聞いていきます。

聞き取ったあとの記録

❶事実を書く

❷事案の状況をありのままに客観的に捉える

❸子どもや保護者と会話した内容を記録に残す

自分の聞き方、話し方をチェックしましょう！

〈聞く姿勢のチェック〉

• 自分の枠組み（価値・認識）で話を聞いてしまう。……（ややその傾向・ない）

• 自分が聞きたいように聞く、自分本位になる傾向がある。

　　　　　　　　　　　　　　　　　　　　　……………………（ややその傾向・ない）

• 期待する答えを引き出すための誘導尋問になりがちだ。

　　　　　　　　　　　　　　　　　　　　　……………………（ややその傾向・ない）

• 相手の発言を待たず、自分の思いを押しつけてしまう。

　　　　　　　　　　　　　　　　　　　　　……………………（ややその傾向・ない）

〈話す姿勢のチェック〉

• 相手がわかる言葉で話している。……………（心がけている・心がけていない）

• 相手のペースで話している。………………（心がけている・心がけていない）

• 取り違いが起こらないように気をつけている。

　　　　　　　　　　　　　　　　　　　……………（心がけている・心がけていない）

• 伝える情報量は多すぎないようにしている。

　　　　　　　　　　　　　　　　　　　……………（心がけている・心がけていない）

• 相手の表情や体のサインに目を向けている。

　　　　　　　　　　　　　　　　　　　……………（心がけている・心がけていない）

• 話した内容が誤解して伝わってしまう。………………（ややその傾向・ない）

　「ややその傾向」「心がけていない」があれば、聞き方、話し方に気をつけましょう。

② 記録に書いては いけないこと

　記録は、主観で書くものではなく、事実に基づいて客観的に書くことが必要です。

医療・心理診断が推測で書かれた NG 記録

> 生徒A：時間管理ができず、部活に遅れたり、宿題や提出物を忘れる。授業中、落ち着きがなく座っていられない。思ったことを口にする、場の雰囲気が読めないことから生徒間のトラブルが多い。学習については、数学は得意だが、国語や社会が苦手。発達障害と思われる。

A に対する NG 記録を書き直してみましょう

記録の例

生徒Ａ：部活に遅れたり、宿題や提出物を忘れる。授業中、落ち着きがなく座っていられない。思ったことを口にする、場の雰囲気が読めないことから生徒間のトラブルも多い。学習については、数学は得意だが、国語や社会が苦手。

　　　　時間管理が難しく集団行動の課題が見られる。集中して授業が受けられない、対人関係の課題および学習の課題が見られる。

> 生徒の授業、集団での様子と教員の立場からの見立て（教育診断）を書きました。

＊保護者に対する記録も同様です。教員の医療診断、心理診断が入り込んだ内容を書いてはいけません。

教員が医療診断、心理診断をしたような記載

ワード：発達障害、自閉症傾向、精神障害、パーソナリティー障害、うつ病、摂食障害、解離性障害、PTSD、多重人格……など。

これらは、医療・心理診断です。

「○○のようだ」の表現であってもNGです！

記録によるトラブルを起こさないために

❶推測は記録に残さない

「〜かもしれない」「〜のようだ」は、読み手によってバイアスがかか
ります。

❷医療診断や心理診断をしたような書きぶりは適切でない

教員は、児童生徒の言動をもとに、教育診断（教育・集団現場でどの
ような反応を示すのか）を行いますが、医療診断や心理診断はできませ
ん。

❸情報源を必ず書く

開示請求などで、記録者が責任の所在を問われることがあります。

**➡ 記録に、医師（医療機関）や心理職による情報として、
医療診断や心理診断が書かれていることは問題ありません。**

記録するときは、

• 「Aは、○○病院を受診し、○○医師より○○○と診断を受けた」と、
母親が話す。

• Aの保護者承諾を得て、○○病院○○医師よりAの状態、校内対応の助
言を得る。○○医師から○○○の診断、聴覚過敏における配慮について
説明を受ける。

など**情報源**を書きましょう。

生徒指導の記録の取り方

3 法的証拠となる場合を 想定して記録する

NG表現

❶疑問符や感嘆符（？　！　?!）

❷顔文字

❸子どもや保護者の態度や性格などを否定する表現

❹子どもや保護者への攻撃的、主観的な表現

❺家庭を否定するような表現

❻敬語や使役表現（〜させる）

適切な書き方に直してみましょう

①Aへの指導を横で見ていたBが、生意気に「先生も大変ですね」と笑った。

_____

②Cは、担任の話に聞く耳をもたず無視し続けた。

_____

③Dは、生徒指導担当教員から指導を受け、睨み続けている。

_____

④保護者は自分勝手で、「子どもの成績に納得できない」と言う。

_____

⑤保護者は、担任の指導について文句を言う。

_____

書き換えの例

①Aへの指導を横で見ていたBが、生意気に「先生も大変ですね」と笑った。

　➡Aの指導を横で見ていたBが、「先生も大変ですね」と笑った。

②Cは、担任の話に聞く耳をもたず無視し続けた。

　➡Cは、担任が話す方を見ようとしない。

③Dは、生徒指導担当教員から指導を受け、睨み続けている。

　➡Dは、生徒指導担当教員から指導を受け、凝視し続ける。

④保護者は自分勝手で、「子どもの成績に納得できない」と言う。

　➡保護者は、自分の考えがあり、「子どもの成績に納得できない」
　と言う。

⑤保護者は、担任の指導について文句を言う。

　➡保護者は、担任の指導について自分の考えを言う。

❶授業態度を指導すると、挑発的な言葉を返す。（攻撃的・主観的表現）

❷保護者に子どもの様子を伝えるが、関心をもたない。（態度、考え方などの否定）

❸保護者は、教員の説明を全く理解していない。（考え方などの否定）

❹子どもは身勝手で、自分の思いを通そうとする。（攻撃的、主観的な表現）

❺保護者がおっしゃった。（敬語は使わない）

❻子どもから保護者に伝えさせた。（使役表現）

＊ＮＧ表現には、否定的、攻撃的、主観的な要素が含まれています。

NG 表現を OK 表現にすると……

❶授業態度の指導をすると、「○○○○○」と言う。

❷保護者に子どもの様子を伝えるが、「○○○○○」と言う。

❸保護者は、教員の説明とは違い「○○○○○ということですね」と言った。

❹子どもは自分の思いが強く、思いを通そうとする。

❺保護者が話した。

❻子どもから保護者に伝えてもらう。

＊事実を織り込んでおけば、開示や裁判にも耐えうる記録となります。

肯定的な言い方に換えれば、問題は起きません。子どもへの指導、子どもについて保護者に伝えるとき、記録の配慮にもつながります。

実際に書いてみましょう

神経質	は、言い換えれば	（　　　　　　　　　　　　）
飽きっぽい	は、言い換えれば	（　　　　　　　　　　　　）
頑固	は、言い換えれば	（　　　　　　　　　　　　）
横柄な態度	は、言い換えれば	（　　　　　　　　　　　　）
文句が多い	は、言い換えれば	（　　　　　　　　　　　　）
しつこい	は、言い換えれば	（　　　　　　　　　　　　）
幼い	は、言い換えれば	（　　　　　　　　　　　　）
心配性	は、言い換えれば	（　　　　　　　　　　　　）
作業が遅い	は、言い換えれば	（　　　　　　　　　　　　）
プライドが高い	は、言い換えれば	（　　　　　　　　　　　　）
人見知り	は、言い換えれば	（　　　　　　　　　　　　）
理屈っぽい	は、言い換えれば	（　　　　　　　　　　　　）
視野が狭い	は、言い換えれば	（　　　　　　　　　　　　）
顔に出る	は、言い換えれば	（　　　　　　　　　　　　）
こだわり	は、言い換えれば	（　　　　　　　　　　　　）

記録の書き方を意識すれば、開示や裁判で
問題にならない記録となります。

言い換えると……

神経質	は、言い換えれば	（ 繊細 ）
飽きっぽい	は、言い換えれば	（ 好奇心旺盛 ）
頑固	は、言い換えれば	（ 意思が固い ）
横柄な態度	は、言い換えれば	（ 物おじしない ）
文句が多い	は、言い換えれば	（ 細かいところに気がつく ）
しつこい	は、言い換えれば	（ 粘り強い ）
幼い	は、言い換えれば	（ 無邪気 ）
心配性	は、言い換えれば	（ 慎重 ）
作業が遅い	は、言い換えれば	（ 作業が丁寧 ）
プライドが高い	は、言い換えれば	（ 上昇志向 ）
人見知り	は、言い換えれば	（ 時間をかけて相手と仲良くなる ）
理屈っぽい	は、言い換えれば	（ 理論的 ）
視野が狭い	は、言い換えれば	（ 集中力がある ）
顔に出る	は、言い換えれば	（ 表情豊か ）
こだわり	は、言い換えれば	（ 信念がある ）

memo

....
....
....
....
....
....
....
....
....
....
....
....
....

5章

聞き取りの仕方

生徒指導の記録の取り方

① 間違った聞き取り

NG
間取

✓ 指導とごちゃまぜになっている。

✓ 時系列になっていない。

✓ 不適切な者が担当したり、人数が不適切だったりする。

✓ 不適切な場所で行っている。

✓ 時間が長すぎる。

✓ 中途半端に行う。

　記録を取るときに最もあなどってはいけないのが、聞き取りです。「記録」と「聞き取り」は対（つい）になる作業であり、次に行うアセスメントや対応の鍵を握るものです。以下のような間違った聞き取りがよく行われています。

（1）指導とごちゃまぜになっている

　最も多いのが、聞き取りと指導がごちゃまぜになっているケースです。聞き取りをしながら、「なんでそんなことをしたんだ！」などと叱る、つまり、聞き取りの最中に指導してしまう間違いが現場では最も多く見られます。子どもからすれば、叱られるのであればそれ以上は何も言いたくなくなりますから、正しい事実確認などできません。

　話を聞きながら憤慨したくなる気持ちもわかりますが、聞いている間は教師であることを敢えて捨て、聞くことに徹するべきです。いずれにして

76

も、聞き手の主観が入り込むことは避けなくてはいけませんから、「そのときあなたはそう感じたんですね？」と子どもが主体になる聞き方をします。子どもが発した大事な言葉はそのまま記録します。可能であれば、聞き取りの場で子どもに実演してもらうと、より正確なものになります。

（2）時系列になっていない

　時系列ではなく、自分の興味のあることを聞き進めてしまう間違いもよくやりがちです。聞き取りは「時系列で」が鉄則です。「それでどうしたの？」「それからどうなったの？」と時系列に沿って事実を聞き取ります。

　芸能人の会見では、芸能記者が読者や視聴者の興味のあることや記事になりそうなこと、映像で使いたいことを質問しています。

　そうではなく、時間の経過に照らして何があったのかを丁寧に聞いて事実を明らかにしていくことが、聞き取りでは重要です。子どもに何があったのか、なぜそうなったのかといった経緯を理解し、その上で誰に何をどう指導するのか、保護者や連携先にどう伝えるのか等、具体的な対応を行うために正確な情報を得ることが、学校で行う聞き取りの目的です。

（3）不適切な者が担当したり、人数が不適切だったりする

　聞き取りを行う際に不適切な者が担当したり、人数が不適切だったりする間違いです。例えば、複数で行うべきところ、1人で聞き取る等です。

　1人で聞き取ると、その先生の興味関心に沿った聞き方になったり、聞き漏れが生じたりするリスクがあります。さらに、聞き取った内容に聞き取り手の余計な解釈が加味されてしまうこともあります。

その反対に、人数が多すぎると子どもに威圧感を与えることになるので、複数といっても2人くらい、多くても3人までが適切でしょう。

　また、聞き取りは担任が行うことが多いかもしれません。しかし、担任とはいえ、子どもにとって話しづらければ子どもは何も言いませんし、性被害の事案であればスクールカウンセラーが適しているといったこともあるでしょう。誰が聞き取るかは、初期段階のアセスメントで判断します。

（4）不適切な場所で行っている

　聞き取りを行う際に、誤った場所で聞き取っていることがあります。

　教師になったばかりの若い先生の失敗談を見てみましょう。

・・

　給食指導をしようと教室に足を踏み入れた途端、男子生徒Aが机の上に伏せっているのに気づいた。気になって、声をかけると、「給食の準備をしている時に同じ学級の男子生徒2人に下半身を二、三度叩かれた」と言う。

　私はすぐに指導する必要があると思い、給食後の昼休みの時間に男子生徒Aを含む3人を教室の後ろの隅に呼んだ。再度男子生徒Aから事情を聴き、叩いたほうの2人に男子生徒Aに対して謝罪させ、その日、一応の指導は終えた。

　それから数日たった日、男子生徒Aの保護者が来校した。私の指導に疑問を抱いたためである。保護者の私に対する最も大きな不信は、なぜ、その指導を「教室の後ろの隅」でしたのかということである。つまり、なぜそんな場所で指導したのかということだ。男子生徒Aが保護者に言うには、教室の後ろの隅での指導は他の生徒からの視線が気になり、正直に話

すことができなかった、さらには自分の困り事を私から軽く扱われたように感じたとのこと。加えて、下半身を叩いた男子生徒2人は学級内で中心的な存在であり、男子生徒Aは言い返すことができない関係で、今後の学校生活に不安が残ると悩んでいるとか。

　私は、早急に指導をしておかないといけないと焦り、「教室の後ろの隅」という安易な場所を選択してしまった。男子生徒Aがどう感じるのかなどには全く気が回らなかった。私は聞き取りの場所を明らかに間違えたのである。

（中学校教諭）

　聞き取りは、他の子どもに聞かれやすいところでは、行わないのが鉄則です。他の子どもに聞かれると当人が不快なだけでなく、ところどころ聞こえた話を他の子どもが勝手に解釈し、誤解を含んだ噂となったり、それによっていじめの対象となったりして危険です。

（5）時間が長すぎる

　聞き取りの時間が長すぎることです。長時間にわたって聞かれたり指導されたりすると、子どもは逃げ場がないような気持ちになり、視野狭窄状態に陥り、学校の窓から飛び降りるなど思いも寄らない行動に出ることがあります。

　何を聞き取るのかが事前に明確にされておらず、時間も意識していないため、ダラダラと長くなるのです。事前に聞き取る内容を確認し、最小限の時間となるよう行います。聞き取っている最中に子どもを1人にしないよう気をつけることも大事です。

（6）中途半端に行う

聞き取りが中途半端で、保護者に激怒された若い先生の失敗談です。

・・

　小3の担任になった私は、慣れない子どもたちを前に必死だった。子どもたちをつれて校内探検をしていると、太郎くんがしゃがんだままの次郎くんを蹴っている姿が目に入った。私は自分のクラスで早くも起こったトラブルに焦った。一刻も早く解決しようとその場で聞き取った。太郎くんに「どうして蹴ったの？」と聞いたが、黙ったままで理由を言わなかった。私は、太郎くんが教室で次郎くんにちょっかいを出している姿を目にしたことがあったので、太郎くんに非があると勝手に解釈した。他の児童を待たせていたこともあり、次郎くんへ謝罪するよう促した。私の頭の中は、「とにかく蹴ったほうが悪い。しっかり謝罪させなければならない。早く解決しなければならない」ということばかりだった。

　放課後、太郎くんの父親から怒りの電話がかかってきた。父親が言うには、太郎くんは、クラス替えの翌日から、毎日「学校で次郎くんに嫌なことをされる。叩かれる。行きたくない」と言っていたそうだ。私がきちんと聞き取りを行っていないからだとすぐに気づいた。太郎くんからの聞き取りは中途半端で、おまけに記録もない。父親に言えることは何もなかった。中途半端な聞き取りで、つらい1日になってしまった。これからは、焦らずに、記録しながら聞き取りたい。　　　　　　　　　　　（小学校教諭）

・・

　きちんと聞き取りをしていれば、冷静に指導し、落ち着いて答えられたはずです。自分の失敗に気づけたので、その点ではよかったですね。

80

正しい聞き取りの仕方

　聞き取りは以下のような順番で行います。発達段階によっては、あるいは事案の大きさによっては、この通りではありません。

❶原則として、できるだけ早く聞き取る。

❷聞き取りの準備をする。

- 必要があれば、他の教職員の調整をする。
- 教員が複数で対応する場合、聴取する者、記録する者など、役割を分担する。

❸被害者、加害者の順に聞き取る。目撃者がいればその後に行う。

- 聞き取る場所の周りに他の子どもがいないことを確認する。
- 加害者・被害者が複数の場合、バラバラに聞き取らず、複数の教員で同時に聞き取る。同時にできない場合は、あとに聞く子どもに教員が付き添って待つ。
- 被害者に聞き取っていることが、加害者に悟られないようにする。場合によっては、家庭訪問して聞く。

❹落ち着くように伝え、安心できる雰囲気をつくった上で聞き取りを開始する。

❺大まかなことを先に聞く。

- 原則として、まずは本人に自由に語ってもらう。

❻時系列に細かく聞いていく。

- いつ、誰が、どこで、何を、なぜ、どのように（5W1H）を意識し

ながら確認していく。なぜ（理由）にヒントが隠れている。

- 重要な発言は、会話文「　　　」等で残す。
- 聞き取るときは聞き取りに徹し、決めつけたり指導したりはしない。
- 聞き取っている間、教員に用事ができたとしても、子ども（特に加害者）を1人にしない。

❼言い足りないことはないか、事案の前や後にも何か気になる出来事がなかったか等、確認する。

❽聞き取りを終え、今後は見守るので安心するように声をかける。

- 時間は、長くても1時間以内で終わるようにする。
- 聞き取りがあったことは、その時点では他言しないように伝える。
- 子どもの言うことが一致しない場合は、双方を何度か往復して聞き取ることになるが、被害者には訴えていることを加害者に伝えてよいか確認を取る。被害者が仕返しを受けることもあるので、この点要注意。
- 子どもから「親には言わないで」などと頼まれても、その約束には応じない。事案の大きさにもよるが、「大事なことだから保護者の方には後で伝えるし、相談もする」ということを伝える。「親に伝えない」と約束することで、後でトラブルになる。
- 家に帰す際、子どもが不安に感じている場合などは、教師が同伴して家まで送っていくか、保護者に連絡して迎えに来てもらう。
- 聞き取りを終えたら、生徒指導主事等に報告し、その日のうちに保護者にわかっている事実を報告し、相談する。

生徒指導の記録の取り方

3

ある養護教諭の聞き取り

　学校現場では、担任の先生よりも養護教諭のほうが聞き取ったり、記録を取ったりすることに慣れているのではないでしょうか。どんなスタンスで記録を取っているのか聞いてみました。

　私（養護教諭）は、大きなケガの場合は、当然子どもたちに聞き取りをします。「管理職へ報告」「保護者に電話連絡」などは養護教諭でなくてもわかると思います。連絡を受けた保護者も、聞き取り後の記録に基づいた説明をすると、丁寧に対応してくれたんだと理解してくれ、クレームにつながることも少ないと感じています。

　一方、小さなケガの場合、過去には聞き取りをしなかったり、重大ではないと思い管理職や保護者に連絡しなかったりということもありました。しかし、実はその小さなケガの背後に友達のいたずらがあり、保護者から連絡がくるようなこともわかってきました。担任は状況を答えられず、管理職も養護教諭も知らなかったという形で追い込まれることがあるので、今は小さなケガであっても聞くようにしています。

　まるで探偵みたいに、「何かあったの？」とか、「どうしたの？」っていう質問をしても、子どもはほとんど答えてくれません。

　ですので、こちらから「もしかして○○？」と聞いてみると、それをきっかけに話し始めることもあります。「誰にやられたの？」と聞いても答えませんが、「同じクラスの子？　もしかして男子？」というような聞き方

をすると首を振ったり、「違う」と言ったりして、「女子にやられた」など、自分から話し始めます。

　担任の先生は、授業や他の子どもたちもいるので、１つひとつ聞き取るのは時間的にとても難しいと思います。そのため、私としては小さなケガでも全部保健室に送ってもらって構わないと思っていますし、１対１で対応する保健室のほうが時間に余裕があるので、手当てをしながら簡単にケガをした状況を聞いています。もっと詳しく聞いたほうがいいなという場合には、そのあと担任に知らせるようにしています。

　もしかしたら、担任は「担任が対応しないとダメな担任だ」というふうに自分で考えてしまうのかもしれませんが、養護教諭も含めて周りと連携すれば、対応も記録も楽になるのではないかと思います。　　　（養護教諭　堀江菜摘）

・・

　聞き取りが警察の尋問のようになってしまうことがあります。問い詰める雰囲気があると子どもは口をつぐんでしまうので、安心できる雰囲気をつくれるとよいですね。子どもが何も発しないときは、堀江先生が言うように、イエス・ノーで答えられるような質問をせざるを得ない場合もあるでしょう。実際には、このあと双方から聞き取りを行うことになるはずです。一方からの聞き取りだけでは事実が歪んでいる可能性があるからです。子どもは自分にとって都合が悪いことは言わなかったり、嘘をついたりもします。聞き取りの際、加害者に被害者からの訴えであることを伝えるかどうかは、被害者の意向を第一に考えます。

※『生徒指導「トラブル対応」の教科書（プロセス編・事例編）』（学事出版）の著者である吉田順先生にアドバイスをいただいた。

6章

聞き取りをもとにした
記録の書き方

1

いじめ事案の 聞き取りと対応

A君の聞き取りを 担当してください。

聞き取りって 何をするの？

いじめ事案の聞き取り

- 複数の教員で聞き取る。（当事者双方、周りの子ども）

- 目的は、正確な実態を把握すること。解決（謝罪）に走らない。

- 聞き取りは、時間がかかっても個々に行う。

- 言わされた感が残る質問、決めつけた質問はしない。

- 加害者という先入観をもって聞き取りをしない。

- 日頃の子ども評価、認識を意識した聞き取りはしない。
  今回の行為の実態把握を行う。

- 聞き取り中に指導はしない。

- いつ、どこで、誰と、どのような状況（周囲の状況）で、なぜ、どのようなことが起きたかを聞き取る。場所や立ち位置などの確認、言動を再現してもらうことも必要。

聞き取った内容を
客観的・中立的に記録します。

こうすれば……

初めての聞き取りで、何
を聞けばいいのか不安だ
ったので、助かります。

A君の聞き取り担当だよ。
手引きを読んでから聞き
取りすればいいよ。

➡ 聞き取る内容、聞き取りの方法、記録方法などを
「手引き（マニュアル）」にすると、同じ条件で聞き取りができます。

いじめ認識NGワード

事実の聞き取りを邪魔します。

「これぐらい」	個人の基準や価値による判断です。 いじめ防止対策推進法の趣旨に反します。
「この子なら」	初めからわかっているという意味を含みます。 いじめ防止対策推進法が求める、 配慮を必要とする子どもの取組に反します。
「対人トラブル」	教員側の判断です。 生徒が苦痛を感じているかどうかが判断基準です。
「よくあること」	教員側の判断です。 継続したいじめを疑うべきです。 生徒が苦痛を感じているかどうかが判断基準です。

2 いじめ事案における記録

Aからの聞き取り内容

2022年1月16日（月）13：15～13：40　聞き取り担当者　○○・□□
　担当の○○教員と□□教員が、昼休みに起きた事案の状況について、Aに聞き取りを行いました。

　今日の昼休み直後に、B、C、Dから体育館の入り口に呼び出された。Bから「映画を見に行くから、金を貸して」と言われた。僕は「嫌だ、いつも貸すと返ってこない」と言った。Cが"返して"と言わないからだ」と言うと、Dも「そうだ、Aが悪い」と言った。Bは「金を貸してくれるから遊んでやっているのに。あっちに行けよ」と右肩を突いた。CとDも「あっちに行け」と言った。Cが僕の右足首あたりを蹴った。Dは「あっちに行け」と言っただけで何もしていない。
　近くで、体育館に入ろうとしていたE、F、Gが見ていた。途中から体育館に来たHも見ていた。

　Aが「貸すと返ってこない」といったことが気になった○○教員が、いつからお金を貸しているのかを尋ねた。
　Aは「最初は夏休み、3人に3,000円。その時は返してくれた」と言う。「2回目は、11月に一緒に買い物に行き、B、C、Dのお昼ご飯代に3,000円を貸した。3回目は、冬休み。3人がゲームソフトを買うのに10,000円貸した。11月と冬休みに貸したお金は返してもらっていない」と話す。
　○○教員が、AにB、C、Dにお金を貸していることを親は知っているのかを尋ねた。Aは「親には言っていない」と言う。

〈聞き取りをした教員の記録〉

Aが、B、C、Dから映画を見に行くお金を貸してほしいと言われたが断った。断ると、Bに肩を突かれ、Cに足を蹴られた。

聞き取った内容やいじめの事実が
書かれていない NG 記録です。

A の聞き取りを書いてみましょう

記録の例

Aの聞き取り　　　　　　　　聞き取り担当者　　〇〇・□□
2022年1月16日（月）13：15〜13：40

　2022年1月16日の昼休み直後、Aは、B、C、Dから体育館の入り口に呼び出された。

　Bから「映画を見に行くから、金を貸して」と言われ、Aは「嫌だ、いつも貸すと返ってこない」と言った。Cが「"返して"と言わないからだ」と言うと、Dも「そうだ、Aが悪い」と言った。Bは「金を貸してくれるから遊んでやっているのに。あっちに行けよ」と右肩を突いた。CとDも「あっちに行け」と言った。Cが右足首あたりを蹴った。Dは「あっちに行け」と言っただけで何もしていない。

　近くで、体育館に入ろうとしていたE、F、Gが見ていた。途中から体育館に来たHも見ていた。

> 教員のいじめ認識から聞き取りされた重要な情報です。今回のいじめに関連する内容も記録することが大切です。

　Aが最初にお金を貸したのは夏休み、3人に3,000円を貸すが返ってくる。その後、11月にAも一緒に行った買い物で3人のお昼ご飯代3,000円と冬休みに3人がゲームソフトを買うお金を10,000円貸している。11月と冬休みに貸した13,000円は返ってきていない。Aは保護者にお金を貸したことを言っていない。

　　　　　　　　　　　　　　　　　　記録：〇〇（□□）

聞き取り記録からのイメージ

　誰が読んでも同じイメージで実態把握ができるように書くことが重要です。初期対応の記録は、いじめ認知の検証時に重要となります。

❶聞き取った内容を、記録者のイメージで書かない。
❷聞き取りに同席した教員は、必ず記録内容をチェックする。

　記録者欄には、記録者、同席教員の名前を書く。

聞き取り以外に必要な記録内容
❶聞き取りおよびいじめの実態
❷誰が、何を目的に、どのようなケアや支援を行ったか（支援計画）
❸被害者、その保護者に対し、いじめの経緯、対応等説明したこととその反応
❹ケアや支援後の被害者や保護者の反応
❺被害者や保護者の思い、要望等
❻加害者や保護者に対し、説明したこととその反応
❼誰が、誰に報告や情報共有を行ったか
❽対応における管理職の指示・助言の内容
❾教育委員会などの指示・助言の内容

既存のいじめ事案の記録内容をチェック

□ 聞き取りおよびいじめの実態が書かれていますか。

□ 誰が、何を目的に、どのようなケアや支援を行ったか（支援計画）がありますか。

□ 被害者、その保護者に対し、いじめの経緯、対応について説明したことと、その反応について書いていますか。

□ ケアや支援後の被害者や保護者の反応が書かれていますか。

□ 被害者や保護者の思い、要望などが書かれていますか。

□ 加害者や保護者に対し、説明したこととその反応が書かれていますか。

□ 誰が、誰に報告や情報共有を行ったかが明確にされていますか。

□ 対応における管理職の指示・助言が書かれていますか。

□ 教育委員会などの指示・助言が書かれていますか。

チェックが入らないところがあれば、意識して記録するようにしましょう。

3 開示にたえられる記録

　読んだときに、教員や学校に対する不信感や不満につながらない記録になるよう、日常から心がけましょう。

NG記録は、教員の主観的情報の記載

> ・保護者はいつも同じことを言ってくる。
> ・保護者は学校に要望ばかり言っている。
> ・子どもは保護者に言わされている。
> ・子どもがこのような状況なのは、家庭に課題があるからだ。
> ・子どもがこのような状況なのは、発達に課題があるからだ。
> ・謝罪も終わっているのに、いつまで言っているのだろう。
>
> など

　NG記録の内容は、記録する必要がないものです。客観的情報ではなく、主観的情報の記録だからです。

教員の主観的な情報は
開示に不利になる記録です。

経時記録の取り方

　組織対応では、記録を関係者が個々に書くと、何枚もの記録ができてしまいます。事案にかかわっている複数の教員が書きこんでいくスタイルの一例を紹介します。

事　例

生徒Aは、いじめ被害で欠席しています。

担任が週2回家庭訪問をして、学習をサポートしています。

日　付	時　　間	子どもの情報	家族の情報	学校の対応・反応など	その他の情報	記録者
10/6	16：00 〜 17：00	①	②	③		○○○○
10/7	11：00 〜 11：45		④	⑤−1・2		△△△△
10/9	16：40 〜 17：00			⑥−1・2	⑦	□□□□
・						
・						
・						

※○○○○は担任、△△△△は学年主任、□□□□はいじめ担当。　　　（周防作成）

① 　　自室で昨日持参したプリント学習をしている。「数学がわからない」と言う。
　　　（**主観的情報。記録のポイント部分を表現のまま書いています**）

② 　　見送りに出た母親は、「Aが学校に行けず親としてつらい」と言う。
　　　（**主観的情報。母親の主訴を表現のまま書いています**）

③ 　　家庭訪問。数学のプリント学習を行った。
　　　（**客観的情報。《対応の事実》です**）

④ 　　母親来校。Aは、時間を決めて学習しているが、勉強がわからなくなるとイライラし、母親に対し荒い口調になると言う。母親は、「加害生徒が登校していて、被害を受けたAが登校できないのは間違っている。Aが登校できるようにしてほしい」と、涙ぐみながら話す。
　　　（**学年主任は、母親が怒っているようにも感じましたが、『怒り、涙ぐみながら』とは書いていません。母親に気持ちを尋ねていないので、『怒り』と書くのは、教員の主観になるからです**）

⑤－1 　Aの気持ちを確認し、学習や登校支援を検討することを伝える。
　　　（**対応の事実を要約しています**）

　－2 　母親は、「ありがとうございます。よろしくお願いします」と言った。
　　　（**対応による反応の事実です**）

⑥－1 　加害生徒Bの希望で面談。「謝罪したい」と言う。
　　　　Bの気持ちがわかったこと、謝罪にはAの気持ちの確認がいること、すぐに謝罪ができないことを伝えた。
　　　（**対応の事実を要約しています**）

⑥－2　Bは「すぐに謝れないんだ」と、つぶやいた。

　　　　（**対応による反応の事実です**）

⑦　　　加害生徒Bは面談で「Aに謝りたい。いじめを反省している」と

　　　　言う。

　　　　（**主観的情報を要約しています**）

 記録のポイント

✓子どもや保護者の主観的な情報を書く。（全ての表現をそのままに
　書く必要はないが、重要なことはそのまま書くことが望ましい）

✓教員が行ったことなどの情報は、客観的に書く。

✓行ったケアや支援状況と子どもや保護者の反応を記録する。

下記を読んで、記録の続きを書いてみましょう

　　10月11日16時に担任が家庭訪問をしました。Aは、昨日渡した課題プリントを提出しました。担任は、Aの頑張りをほめ、本日持参した数学プリントの学習サポートを行いました。学習の進め方について、これからどのようにしたいかを尋ねました。Aは「しばらくは、○○先生(担任)に学習サポートをしてほしい。今は、学校に行けない」と話しました。担任は、3日間の学習についてAと話し、学習スケジュールを立てました。

　　Aの学習サポートを終え(17時)、見送りに出てきた母親に「今は、家での学習サポートを望んでいます、3日間の学習計画を一緒に立てました」と伝えました。母親は「学校には行けないんですね。どうすればいいですか」と言いました。担任は「今はAさんの気持ちに寄り添い、学習サポートをしていきます」と伝えました。

日　付	時　　間	子どもの情報	家族の情報	学校の対応・反応など	その他の情報	記録者
10/6	16：00 〜 17：00	①	②	③		○○○○
10/7	11：00 〜 11：45		④	⑤−1・2		△△△△
10/9	16：40 〜 17：00			⑥−1・2	⑦	□□□□
10/11						

記録の一例

日　付	時　間	子どもの情報	家族の情報	学校の対応・反応など	その他の情報	記録者
10/11	16：00 〜 17：00	⑧－1 －2		⑨－1 －2 －3 －4		○○○○

⑧－1　昨日の課題プリント提出、数学プリント学習

　－2　「今は学校に行けない」、担任の学習サポート希望

　　　　（担任の尋ねたことに対する反応ですが、時系列的に子どもの変化を捉えやすくするために、子どもの情報欄に記載しました）

⑨－1　家庭訪問、数学プリント学習サポート

　－2　今後の学習の進め方について聞く。「しばらくは、○○先生に学習サポートをしてほしい。今は、学校に行けない」と言う。Aと3日間の学習スケジュール作成。

　－3　母親にAの思いと学習スケジュール作成について伝える。母親は「学校に行けないんですね。どうすればいいですか」と言う。

　－4　今はAの気持ちに寄り添い、学習サポートすることを伝える。母親は「よろしくお願いします」と言う。

生徒指導の記録の取り方

5　いじめ対策委員会の議事録の取り方

いじめ対策委員会議事録の一例

第△回　被害生徒○○○　いじめ対策委員会　　議事録
開催日時：○○年　○月　○日○○：○○　～　○○：○○
参加者：―、―、―、―、―、―、―、―、　議事録記録者：○○
協議事項：加害生徒への聞き取りおよび保護者連絡・報告について 　　　　　被害生徒および保護者への支援・報告について
協議内容： 被害生徒、加害生徒について○○より……の情報提供。 聞き取りの内容について…… 聞き取り後の保護者連絡…… 被害生徒および保護者への支援・報告……
決定事項および担当者： ○時から△室、◆室にて聞き取り 聞き取り担当者は、加害生徒A　○○と○○、加害生徒B…… 加害保護者への連絡は、担当者○○にて…… 被害生徒および保護者への支援、報告について……

＊いじめの対策委員会の議事録は、必ず作成し保存しましょう。

memo

....

....

....

....

....

....

....

....

....

....

....

....

....

7章

個人情報の取り扱い

① 個人情報の取り扱い

　文部科学省（以下、文科省）は、「個人情報については、『行政機関の保有する個人情報の保護に関する法律』に基づき、適切に取り扱います」としています。

個人情報の取り扱い

休み時間に、A君が蹴ったボールがB君の顔に当たって……

B君の連絡先を教えてください。

電話番号はですね……

どう答えればいいでしょうか？
ふきだしに書きましょう。

個人情報の取り扱い

休み時間に、A君が蹴ったボールがB君の顔に当たって……

謝りたいので、B君の連絡先を教えてください。

連絡先は、個人情報なのでお伝えできません。B君の保護者にA君のお母さんのお気持ちを伝えてみます。

　教員は情報を提供するときには、情報提供者の許可を取って行うことが大切です。これは、**法的根拠に基づいた行動**です。

個人情報の取り扱い

顔にモザイクをかけ
ても服装などから個
人が特定される場合
があります。
取り扱いに注意しま
しょう。

　子どもや保護者の許可を取らずに、子どもが写っている写真を学校誌に
載せました。すると、保護者からクレームがきました。

子どもたちの様子を保護者に
知ってもらいたいのに……

こうすれば……

　写真も個人が識別できるものです。子ど
もや保護者の掲載許可が必要です。複数の
子どもが写っている場合、1人でも許可が
取れなければ、載せてはいけません。

個人情報の取り扱い

　「〇〇君が話していたよ」「〇〇さんもしているよ」など、子どもを安心させるために言ってしまうのでしょうが、NG です！

　個人の情報を、子どもや保護者に伝えてはいけません！

《情報提供の許可が不要な場合》

　　しかし、子どもの支援を目的とする場合、情報提供者の許可がなくても情報を提供することがあります。虐待通告やそれに関する要保護児童対策地域協議会における情報提供は、児童虐待防止法や児童福祉法の観点から情報提供者の許可は必要ありません。子どもの最善の利益のために行う情報提供です。

生徒指導の記録の取り方

② 記録の保管方法と 保管期間、引き継ぎ

記録は個人情報そのものです。

学校教育法施行規則第28条（２）保存期間等において、指導に関する記録については５年間となっています。

❶ 1人対応の事案、一過性の事案の記録の処分は事案の経緯や終結時に問題がないかどうかを確認して行います。

過去の教員や学校の対応が問題になるケースがあります。

❷ 校内で組織対応をしていれば、対応記録や会議録、支援計画などは保存します。

❸ 学年や担当教員が変わったときは、記録は、担当教員に引き継ぎます。

教育に司法や行政が介入する時代です。教員も記録については、組織所有の意識を高める必要があると考えます。特に、いじめ事案、事故事案、対応困難事案、継続事案などは、記録保存をすることを勧めます。

施行規則に準じて、５年間保存することが望ましいです。

＊ファイル、メモリー等による電子保存
　のときは、修正などができないよう
　に、工夫が必要です。

8章

ケース会議と資料

1 ケース会議の資料

担任がケース会議の資料を作成しました。

教室での様子：A

夏休み明けから、毎日遅刻し、授業中は机に伏せていることがあります。宿題をしてこない日が多く、授業に必要な物も揃っていません。休み時間は友達とゲームの話をして楽しそうにしています。

> **配布資料**
>
> Aは、ゲーム好きで夏休みは夜遅くまでゲームをしていたのだろう。夏休みが終わっても夜遅くまでゲームをして生活リズムを崩し、毎日遅刻する。授業中に机に伏せていることもある。宿題をしてこない日が多く、授業の忘れ物もする。

この資料から、どのような子どもをイメージしますか？

教室の子どもの様子と資料にある子どものイメージは同じでしょうか。

Aの様子を配布資料にしてみましょう

配布資料の例

> Aは、夏休み明けから毎日遅刻。授業中は机に伏せていることがある。宿題をしてこない日が多く、授業に必要な物が揃っていない。休み時間は友達とゲームの話をして楽しそうにしている。

この資料は、事実のみの資料です。

主観的な資料による会議を行うと……

配布資料

Aは、ゲーム好きで夏休みは夜遅くまでゲームをしていたのだろう。夏休みが終わっても夜遅くまでゲームをして生活リズムを崩し、毎日遅刻する。授業中に机に伏せていることもある。宿題をしてこない日が多く、授業の忘れ物もする。

　資料は、「夏休み明けから毎日遅刻をする」「授業中に机に伏せていることもある」「宿題をしてこない日が多い」「授業に必要な物が揃っていない」という事実と、「休み時間は友達とゲームの話をして楽しそうにしている」という事実から、考えたこと思ったことが、まるで事実のように書かれています。この情報を受けた場合、Aの問題背景は「夏休みが終わっても夜遅くまでゲームをして生活リズムを崩している」ということになります。

事実のみの資料による会議

> ─ 配布資料 ───────────
> Aは、夏休み明けから毎日遅刻。授業中は机に伏せていることがある。宿題をしてこない日が多く、授業に必要な物が揃っていない。休み時間は友達とゲームの話をして楽しそうにしている。

　この資料が、情報共有されたなら、「夏休み明けから毎日遅刻。授業中は机に伏せていることがある。宿題をしてこない日が多く、授業に必要な物が揃っていない」というAの問題と「休み時間は友達とゲームの話をして楽しそうにしている」という様子から、様々な意見が出るでしょう。

C教員：夏休み、夏休み明けに何かあったのかな？

D教員：授業に必要なものが揃っていないって、家庭で何かあったのかな？

B教員：夜寝るのが遅いのかな。

E教員：家で宿題ができない理由があるのかな。

F教員：授業中は机に伏せているようだけど、休み時間は元気そうだね。

　事実のみの資料が提供されると、**問題が起きている背景を考えようとし**ます。

会 議 は ……

❶参加者の意見を協議する場である。

❷事実の情報であれば、参加者から様々な意見が出る。

❸個人の認識や判断による捉え方や支援を再検討する場である。

❹適切な見立て（アセスメント）と支援を行うことにつながる。

2 ケース会議の実際

ケース会議を行うことで、個人が子どもの問題を抱え込むことを予防します。

校内のケース会議メンバー

❶生徒指導担当教員　　　❻特別支援コーディネーター

❷教育相談担当教員　　　❼養護教諭

❸学年主任　　　　　　　❽管理職

❹担任　　　　　　　　　❾スクールカウンセラー

❺学年教員　　　　　　　❿スクールソーシャルワーカー

等です。

ケース会議の流れ

ケース会議は、参加者紹介から始まり、

❶事案紹介、支援状況などの情報提供（担任）

❷情報補足提供

❸情報提供に対する質疑

❹事例の見立て（アセスメント）と検討

❺支援目標、内容（計画）、役割分担を検討

❻関係機関連携の有無を決定

❼協議結果の発表と確認

❽次回の会議予定　　　　　　　　　　　で終わります。

効率的な会議を行うための留意点

❶終了時間を決めて行う
（質問や意見が広がり収拾がつかなくなるのを防ぐ）

❷協議目的、内容を決めて行う

❸ケース資料を準備しておく
（日常の記録をまとめた情報などを準備する）

❹ケース会議に上下関係を持ち込まない
（経験の浅い教員も意見が言える場にする）

❺経験による根拠で会議を進めない
（ケースの多様性、個別化を認識する）

❻結論や結果を出そうと急がない
（参加者がケースのアセスメント、支援計画を検討する場にする）

❼次回の会議を予定する
（次回までに、参加者が行うことをイメージできるようにする）

　ケース会議を行う前には、司会・進行担当者、記録担当者、情報提供者（担任）、情報補足提供者などを決めておくことが重要です。

忙しくってケース会議の
時間がありません。
どうしましょうか？

初回のケース会議は、１時間以内を目安にする。

２回目以降は40分程度を目安にする。

会議時間の長さ ≠ 効率的な会議

9章

アセスメントによる子ども理解と指導・支援

1 事案の見立て（アセスメント）

学校で表出される子どもの問題行動

　子どもの問題行動の背景には、家庭や地域、学校など環境の課題が複雑に絡み合っていることから、課題も1点に絞ることができません。そこで、子どもの状況を理解し、指導・支援を考えるためのアセスメントが必要になります。

　アセスメントとは、子どもの状況（不登校、集団不適応など）がなぜ起きているのかを、情報を収集し、その情報を分析したり統合したりして、何らかの結果や評価を見出していくことを言います。

アセスメントの過程

情　報　　➡　　分析・統合　　➡　　アセスメント
（問題の見立て）

　アセスメントは、子ども個人だけに焦点を当てるのではなく、学校や家族、地域や支援状況などの情報を整理し、それらがどのように子どもの現状に影響を及ぼしているのかを見立てることです。

アセスメントの視点

❶子ども本人
　（学力、発達状況や性格、特性、心理状態、ストレングス〔強み〕などを含む）
❷家庭環境
　（経済状況、子育て状況、家族関係、価値観などを含む）
❸学校環境
　（子どもと友達・教員との関係、保護者と教員・学校との関係、学級や部活の状況などを含む）
❹地域環境
　（地域と子ども、地域と家庭の関係、地域状況などを含む）
❺支援状況
　（学校および学校以外の支援を含む）

　❶〜❺の視点からの情報を分析し統合することで、子どもの現状をアセスメントします。アセスメントに慣れていない場合は、❶〜❺の項目を意識して分析を行い、分析したものを統合するとよいでしょう。

アセスメントは、難しいことでも、
時間がかかるものでもありません！

情報を整理し記録していれば、それに基づきアセスメントすることで、

❶問題の背景や要因が明らかになる。

❷問題の背景や要因を解決するために何をすればよいのかが見える。

❸問題解決のために学校がすべきこと、学校ができないことが明確に
　なる（関係機関連携の有無）。

❹学校がすべきことを具体的に計画、実施できる（チーム支援）。

2 アセスメントの実際

（1）小学3年生の女子 A へのアセスメント

> 場面①
>
> 　Aは小学2年生の頃から、2週間に1日、体調不良で欠席し、登校時はほぼ遅刻します。遅刻してクラスに入るのは抵抗がなく、友達関係や、学習には問題は見られません。担任（男性）から遅刻の理由を聞かれると、Aは「何もない」と答えます。母親は、「朝の準備に時間がかかって、遅刻する」と言います。
>
> 　担任は、Aの怠けによる遅刻・欠席だと考えて遅刻指導をしましたが、全く改善されません。最近は、担任を避けるようになり、個別面談を拒否するようになりました。困った担任は、学年主任（女性）に相談しました。

　Aは、なぜ欠席や遅刻をするのでしょうか。場面①の事実から、何か予想されることはありますか。考えてみましょう。

この情報だけでは……と思われた方が多いかと思います。

そこで、Aの欠席・遅刻がなぜ起きているのかをアセスメントするために、情報が必要となってきます。

まずは、本人の思いを聞き、Aの状況を理解する必要があります。

何があるの
かな？

Aと話して
みないと

学年主任

Aは何か理由があって欠席し
たり、遅刻したりしているの
かもしれないので、話を聞い
てみてはどうですか。

最近、Aが自分を避けて
いるから、話を聞くのが
難しいのです。

担任

そこで、学年主任がＡと話をすることになりました。

場面②

　学年主任は、Ａが図書館に１人でいるのを見て、声をかけました。周囲には、他の児童もいなかったので、学年主任はＡにたわいもない話を始めました。

　すると、Ａは学年主任に「先生の旦那さんは優しい？」と聞いてきました。学年主任は、Ａが旦那さんと言ったことに驚きましたが、「優しいけれど、どうして？」と聞き返しました。すると、Ａは父親の話を始めました。「お父さんはお母さんのことをすごく怒る。怒って叩くこともある。お母さんは泣いていてかわいそう。私も怖いけれど、お母さんが心配」と言い、泣き出しました。「お母さんが心配で、お父さんが仕事に行くまで、お母さんを１人にできない」と、言いました。学年主任が、「お父さんのお休みは、土日以外にもあるの？」と尋ねました。Ａは「月に２日、普通の日にお休み」と答えました。

場面②の学年主任とＡの様子から、Ａが欠席・遅刻する背景・要因に何があるのかを**アセスメントしてみましょう。**

背景・要因を書いてみましょう

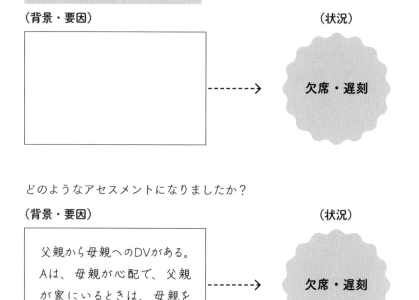

（背景・要因）　　　　　　　　　　　　　　　　　　（状況）

欠席・遅刻

どのようなアセスメントになりましたか？

（背景・要因）　　　　　　　　　　　　　　　　　　（状況）

父親から母親へのDVがある。
Aは、母親が心配で、父親
が家にいるときは、母親を
1人にできない。

欠席・遅刻

　すなわち、Ａの欠席・遅刻は、父親のＤＶが影響して生じていることになります（**ＤＶは心理的虐待です。児童虐待の通告は学校の義務です**）。

（2）　学校における児童虐待の対応

Ａから話を聞いた学年主任は、この状況を担任と
管理職に報告した。

管理職は、市の児童虐待担当課に虐待通告を行った。

通告後は、市の児童虐待担当課または児童相談所が、
安全確認や情報収集を行う。

学校は、情報提供の協力を求められます。

＊Ａの状況を記録に整理しておくことが大切です。

　Ａの語りの事実が記録として必要になります。

＊家族状況や過去の欠席・遅刻状況なども確認さ

　れるので、準備しておく必要があります。

注意しましょう!

　児童虐待を発見したとき、教員としては、子どもを守る、保護者の行動の改善を願う気持ちから、虐待のストップや指導を保護者に伝えたいところですが、学校や教員が児童虐待の判断や発見時の初期指導を行う立場ではないことを理解しておいてください。

　学校や教員が児童虐待の判断や初期指導を行うことで児童生徒が家庭内で危険な状況に置かれることがあります。 児童虐待の判断や初期指導を行うのは、児童相談所や市町村の児童虐待担当課です。

　学校がすべきことは、少しでも虐待と疑われるような点に気づいたときに、速やかに通告することです。

（3）中学2年生の男子 B へのアセスメント

　Bは、5月のゴールデンウイーク後、欠席が目立つようになり、7月に入ると欠席が続きました。1年生のときは、クラスのリーダー的存在で、学習にも意欲的で、部活は野球部で頑張っていました。将来は、野球が強い大学に進学するという希望をもっています。欠席時は、母親が担任に電話をしてきます。母親は、Bに学校に行ってほしいと思っています。

　家族は、高校3年生の兄と母親の3人暮らしで、家族の仲はよいです。兄は来年から就職する予定です。母親は今年に入り体調を崩し、勤務していた会社を退職しました。現在は、飲食店で週に3日パートで働いています。経済的に苦しい状況です。

　担任は、週2日、学習課題を持って家庭訪問を行い、Bの部屋で学習をサポートしています。学習をしていると、Bが「どうせ勉強しても大学に行けない。野球もできない」「クラスのCに、野球部で一番ヘタだ。試合でチームの足を引っ張るから辞めろと言われた」とつぶやきました。

Bが欠席している背景・要因に何があるのかを**アセスメントしてみましょう**。

背景・要因を書いてみましょう

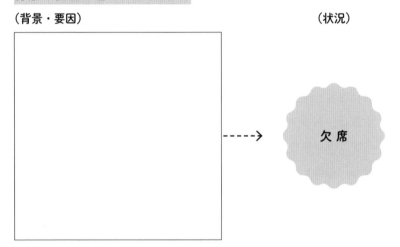

（背景・要因）　　　　　　　　　　　　　　　　　　（状況）

欠　席

欠席の背景・要因は、
1つではないようです。

（背景・要因）　　　　　　　　　　　　　　　　　　　（状況）

> Ⅰ　経済的な課題により、大学
> 　　野球の希望が絶たれ、登校、
> 　　学習意欲が低下している。
>
> Ⅱ　Cから、野球部で一番ヘタ
> 　　だ、試合でチームの足を引っ
> 　　張るから辞めろと言われたこと
> 　　で、部活、登校意欲をなくし
> 　　ている。

- - - - ->　　欠　席

いじめの可能性があります。

（4）アセスメント後の対応

　Ⅰについて、

*登校意欲の回復などについて支援が必要です。チームで支援計画を作成
　しましょう。

*経済的課題については、教員と母親が子どもの状況を理解し、必要であ
　れば、母親が福祉支援を求めることもできます（福祉支援は、市町村が
　行います）。

Ⅱについて、

＊いじめの可能性があります。B、Cへの聞き取りが必要です。

不登校の背景・要因に様々な
ことが潜んでいます。アセス
メントを行うことで対応が明
確になったのではないでしょ
うか。

10章

支援計画による支援の可視化

支援計画とは

　アセスメントに基づいて、具体的な支援方法を考えた計画を立てて、計画的に支援を行います。

支援計画を立てていますか?

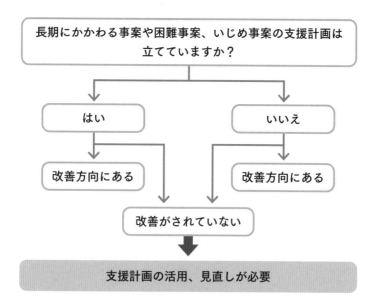

　無計画でその場の成り行きに任せて支援するよりも、支援計画に基づき計画的な支援をすることが教員の負担を軽減し、効果的な支援につながります。

支援計画には、

❶支援の目標

❷目標を達成するための課題

❸支援効果を評価する評価基準

　が必要です。

＊支援効果の評価は、教員のかかわり評価ではなく、支援したことが子ど
　もの問題解決にどのように影響し、変化が見られたか、達成したかを評
　価するものです。

不登校で昼夜逆転していた生徒の支援計画

《支援効果の評価例》

支援２カ月後の評価基準を「午前中に起きる」とした場合

　　　　支援２カ月後：週の半分は午前中に起きるようになった。

　　　　　　　「**支援効果あり**」になります。

支援計画を予定通り進めます。

評価基準による支援の方向性

＊プラス変化、課題達成に向けた歩みがある場合

　➡支援計画を予定通り進めます。

＊変化が見られない、もしくはマイナス効果を生んでいる場合

　➡アセスメント、支援計画が適切ではありません。

　　再度アセスメントを見直し、支援計画を立て直します。

支援効果の評価の時期

緊急性の高い事案や直近の事案は、1〜2週間

長期化した事案は、1〜2カ月　としましょう。

＊課題状況の長期化を防ぐためにも、短いスパン

　での評価、見直しが必要です。

2 支援計画の作成

支援計画の作成は、校内の支援、役割分担の可視化だけでなく、子ども
や保護者にとっても課題改善に向けた見通しがもちやすくなります。

支援計画の仕組み

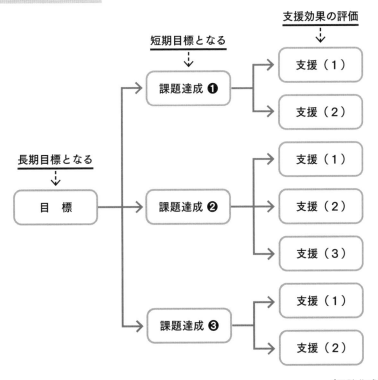

（周防作成）

アセスメントをもとに、支援計画を作成します。

支援計画書の一例

2年○組　B○○○　支援計画			初回作成　○年○月○日	
			作成者：△△	
支援目標（長期目標）：○○○○○○				
課題達成(短期目標)	支援内容	担当者	評価基準	状況
支援目標（長期目標）達成に向けた、課題を細分化します。	いつ、誰が、誰に、どこで、どのように支援を行うかを記入します。		支援効果の基準、判断時期などを記入します。	計画作成時の状況、評価時の状況などを記入します。

（周防作成）

3 支援計画の実際

事例をもとに支援計画を作成しましょう。

事　例

　中学2年生の男子Bは、自分の思いが通らないと、カッとなり手が出てしまいます。思った結果が出せない時や教員から指導を受けると「どうせ僕なんか」「頑張ってもできない」「やっても無駄」など否定的な言葉が出ます。好きな授業では座って授業を受けますが、苦手な科目では、隣に話しかけたり、授業以外の本を読んだりします。授業や部活動（サッカー部）で面白くないことや嫌なことがあった翌日は欠席します。Bは、担任が学校での様子を保護者に連絡することを嫌がります。担任は、Bについて教員間の情報共有や支援の共有が必要と考え、学年主任、生徒指導担当に相談し、ケース会議を開くことにしました。

会議では参加メンバーで情報共有し、アセスメントを行いました。

> 　校内でのBの状況のほか、Bが幼い時から父母に厳しく育てられ、親の言うことができなかったり、テストの点数が悪かったりすると叱られ続けていることなどの情報が共有されました。
> 　そのため、自尊感情が低く、否定されると強い怒りや反発が出るというアセスメントがされました。
> 　その一方で、Bは人が大好きで、友達を大事にしたいと思っていることや欠席した日も家でサッカーの練習を行っているなど、Bのストレングス（強み）があげられました。

支援計画を作成しましょう

2年○組　B○○○　支援計画			初回作成　○年○月○日	
			作成者：△△	
支援目標（長期目標）：○○○○○○				
課題達成(短期目標)	支援内容	担当者	評価基準	状況

〈支援計画の例〉

2年○組　B○○○　支援計画			初回作成　○年○月○日	
			作成者：△△	
支援目標（長期目標）：自尊感情を高め、集団適応を図る				
課題達成(短期目標)	支援内容	担当者	評価基準	状況
自分のよさに気づく。	・授業や部活、その他の活動でできているところを認める。 ・努力したことを次の学習や活動につなぐ。 ・学級での役割を明確にする。	全教職員（随時） 全教職員（随時） 担任　（随時）	自尊感情や自己肯定感の変容を、友達関係、学習、部活動の面から評価する。 ○月	自己否定的な言動がある。
気持ちをコントロールする。	・友達との距離の取り方などについて話し合う。 ・SSTの実施、カウンセリング。	担任・教育相談担当（●曜日） スクールカウンセラー（●曜日）	友達関係や集団活動で気持ちの調整状況を評価する。 ○月	思い通りにならないと、カッとなる。
苦手な授業を頑張る。	・苦手科目ではわかりやすい資料の提示。（社会、国語…） ・頑張り、できたこと、頑張ればできるところを伝える。	○○、○○教員（随時） ○○、○○教員、担任　（随時）	学習の姿勢、意欲などの変容を評価する。 ○月	苦手な科目の授業では集中できない。
保護者と協働する。	・Bへの理解を共有する。 ・Bへの支援について共有する。 ・家における役割や認め方について話し合う。	担任、スクールカウンセラー（●曜日来校）	保護者の認識変容・対応の変容を評価する。 ○月	できないことに対し厳しく注意される。

※SST（ソーシャルスキル・トレーニング）：日常生活を送る上で欠かせない「ソーシャルスキル」を身につけるために行うトレーニング

支援が進んでいくと、状況欄に状況の変化が追記されていきます。

2年○組　B○○○　支援計画			初回作成　○年○月○日	
追記：□年□月□日				作成者：△△
支援目標（長期目標）：自尊感情を高め、集団適応を図る				
課題達成(短期目標)	支援内容	担当者	評価基準	状況
自分のよさに気づく。	・授業や部活、その他の活動でできているところを認める。 ・努力したことを次の学習や活動につなぐ。 ・学級での役割を明確にする。	全教職員(随時) 全教職員(随時) 担任　(随時)	自尊感情や自己肯定感の変容を、友達関係、学習、部活動の面から評価する。○月	自己否定的な言動がある。 ○月○日 頑張ったことを認められることによって、学級での活動に意欲が見られる。
気持ちをコントロールする。	・友達との距離の取り方などについて話し合う。 ・SSTの実施、カウンセリング。	担任・ 教育相談担当 (●曜日) スクール カウンセラー (●曜日)	友達関係や集団活動で気持ちの調整状況を評価する。○月	思い通りにならないと、カッとなる。 ○月○日 カッとなった後に、自分の言動を見直す。
苦手な授業を頑張る。	・苦手科目ではわかりやすい資料の提示。(社会、国語…) ・頑張り、できたこと、頑張ればできるところを伝える。	○○、○○教員(随時) ○○、○○教員、担任　(随時)	学習の姿勢、意欲などの変容を評価する。○月	苦手な科目の授業では集中できない。 ○月○日 授業中、隣に話しかけることが減る。
保護者と協働する。	・Bへの理解を共有する。 ・Bへの支援について共有する。 ・家における役割や認め方について話し合う。	担任、スクール カウンセラー (●曜日来校)	保護者の認識変容・対応の変容を評価する。○月	できないことに対し厳しく注意される。 ○月○日 母親がBのいいところ○○を語る。

支援 ➡ 状況評価から、支援内容の継続、見直しを検討しましょう。

memo

11章

生徒指導のための
支援シートの書き方

1

支援シートとは

　支援シートは、学校生活において支援を要する子どものニーズを正確に把握し、教育の視点から継続的・長期的に適切な支援を行うために作成します。

　支援シートは、生徒指導を行う子ども全員を対象として作成する必要はありません。長期的な支援が必要な不登校や問題行動等の事案、関係機関連携を必要とする事案、いじめ重大事案などは、継続的・長期的な支援を行うために、支援シートを活用する必要があります。

　支援シートの作成は、担任が行う場合もありますが、生徒指導担当教員や教育相談担当教員、いじめ担当教員が行うことが多いようです。校内会議や関係機関連携会議で、このシートをもとに参加メンバーが情報を共有し、適切な支援につなげていきます。

長期化した事案、関係機関と連携する事案、いじめ重大事案などは、支援シートを活用しましょう。

児童生徒理解・支援シート

　文科省は、児童生徒の状況を適切に把握し、校内の教職員や関係機関で共有して組織的・計画的な支援を行うために必要となる児童生徒理解・支援シートを作成しています。また、各教育委員会が作成した児童生徒支援シートもあると思います。

　ここでは、文科省の児童生徒理解・支援シートを使い、情報の整理について考えていきましょう。

📁 **児童生徒理解・支援シート**

✓ 情報の集約だけでなく、進級・進学に引き継ぐ。

✓ 客観的事実を記入する。

✓ 情報を追記していき情報共有を図る。

✓ 校内会議で使用する。

✓ 1児童生徒につき1シートを引き継ぐ。

　校種が変わるときは、以前のものは「引き継ぎシート」として、新しく作成されることが多いです。

記入のポイント

児童生徒理解・支援シート（共通シート）

作成日：令和〇年〇月〇日

作成者　H〇（記入者名）	追記者　H〇（記入者名）／H〇（記入者名）／…		
名前（よみがな）		性別	生年月日

〇学年別欠席日数等　　追記日→　　〇/〇

年度													
学年	小1	小2	小3	小4	小5	小6	中1	中2	中3	高1	高2	高3	高4
出席しなければならない日数													
出席日数													
別室登校													
遅刻													
早退													
欠席日数													
指導要録上の出席扱い													
①教育支援センター													
②教育委員会所管の機関（①除く。）													
③児童相談所・福祉事務所													
④保健所、精神保健福祉センター													
⑤病院、診療所													
⑥民間団体、民間施設													
⑦その他の機関等													
⑧ IT等の活用													

> 出席状況は、課題の発生時期や状況変化を探る重要な情報です。

> 支援状況から、必要な支援・ネットワークを検討するための必要情報です。

〇支援を継続する上での基本的な情報

特記事項（本人の強み、アセスメントの情報等）

> 不登校、問題行動の経緯、性格、興味、家庭での様子、障害・疾患（診断名）、療育手帳の有無、友達関係、部（クラブ）活動、学習状況、教員との関係のほか、本人の強み、将来の希望などについて、教員やスクールカウンセラー、スクールソーシャルワーカーの客観的情報も記載します。客観的情報をもとに、校内のアセスメント、関係機関のアセスメントを記入します。

〇家族関係

特記事項（生育歴、本人を取り巻く状況（家族の状況も含む。）、作成日以降の変化等）

> 家族構成（ジェノグラム）、家族の状況、生育歴、父母と本人・きょうだいと本人・祖父母と家族・祖父母と本人の関係、主たる養育者、父母の就労状況、経済状況、居住状況、地域と家庭の関係、本人や家族の理解者・支援者などについて記載します。記入後の情報も追記します。

備考欄

> 支援機関や支援者情報、会議開催の状況などを記載します。

（文科省「児童生徒理解・支援シート」をもとに、周防作成）

現在支援している子どもについて書いてみましょう

児童生徒理解・支援シート（共通シート）

作成日：令和〇年〇月〇日

作成者　H〇（記入者名）	追記者　H〇（記入者名）／H〇（記入者名）／…		
名前（よみがな）		性別	生年月日

〇学年別欠席日数等　　　追記日→　〇／〇

年度												
学年	小1	小2	小3	小4	小5	小6	中1	中2	中3	高1	高2	高3	高4
出席しなければならない日数												
出席日数												
別室登校												
遅刻												
早退												
欠席日数												
指導要録上の出席扱い												
①教育支援センター												
②教育委員会所管の機関（①除く。）												
③児童相談所・福祉事務所												
④保健所、精神保健福祉センター												
⑤病院、診療所												
⑥民間団体、民間施設												
⑦その他の機関等												
⑧ IT等の活用												

〇支援を継続する上での基本的な情報
特記事項（本人の強み、アセスメントの情報等）

〇家族関係
特記事項（生育歴、本人を取り巻く状況（家族の状況も含む。）、作成日以降の変化等）

備考欄

147

〈記入例〉

児童生徒理解・支援シート（共通シート）

作成日：令和 4 年 4 月 18 日

作成者 ○○		追記者 6 月 1 日　△△			
名前（よみがな）			性別	生年月日	
A			男	○年○月○日	

○学年別欠席日数等　追記日→

年度	○/○	2016	2017	2018	2019	2020	2021	2022					
学年		小1	小2	小3	小4	小5	小6	中1	中2	中3	高1	高2	高3	高4
出席しなければならない日数		200	200	200	200	200	200						
出席日数		200	200	198	121	87	22	0					
別室登校													
遅刻					103	108	0						
早退													
欠席日数		0	0	2	79	113	178	29					
指導要録上の出席扱い													
①教育支援センター					○	○	○	○					
②教育委員会所管の機関（①除く。）													
③児童相談所・福祉事務所						○	○						
④保健所、精神保健福祉センター													
⑤病院、診療所													
⑥民間団体、民間施設													
⑦その他の機関等													
⑧ IT等の活用													

○支援を継続する上での基本的な情報

特記事項（本人の強み、アセスメントの情報等）

　　4 年生に入ると、苦手な科目（算数、理科、国語）があると遅刻・欠席するようになった。入学当初より、字を書いたり、読んだりするのが苦手であった。運動が得意で、体育や運動会は、クラスの中心となり頑張っていた。登校すると仲のいい友達 4 ～ 5 人と楽しそうに遊んでいた。4 年生の夏休み、スクールカウンセラーが母親と面接。母親は「Aは、できないことが多く、見ているとイライラし手が出る」と打ち明けた。学校で協議し、母親の子育てを考え、児童相談所での発達検査を勧めた。診断は、「学習障害」。教育支援センターや児童相談所で母子をサポートしていた。6 年生になると母子とも学校からの電話、訪問にはほとんど出なくなる。教育支援センターや児童相談所には、Aの対応に困ると母親から電話をかける。Aは、イライラすると母親に暴言を吐き、物を投げる。小学校の友達 5 人とLINEでつながっている。中学校は、本人とは会えてない。

○家族関係

特記事項（生育歴、本人を取り巻く状況（家族の状況も含む。）、作成日以降の変化等）

　　母親（38歳・美容師）とA、妹（小 4）の 3 人暮らし。Aが保育園年長のとき、父母は離婚。離婚後、母親は、職場に近い現在のマンションに転居。父親との交流はない。母方の祖父母は、他府県在住でかかわりはほとんどない。近所とのつきあいもほとんどない。母親は 9 時に出勤し、20時頃帰宅。妹は、4 年生になり全欠状態。妹の担任は、母親から家庭訪問はいらないと言われた。母親への電話は、時々つながることがある。

備考欄

　経済状況：児童手当受給
　支援機関：児童相談所、福祉事務所、教育支援センター、小学校、中学校、市教育委員会
　2019年10月　第 1 回 支援機関参加会議（子育て支援を児童相談所と福祉事務所が、登校支援を学校が中心に行う。福祉事務所が情報を集約する）支援者会議は 1・3 学期末に開催。第 8 回 支援者会議（2022年 3 月18日）

148

記入のポイント

児童生徒理解・支援シート（協議シート）

日　付
記録者

学年・組	名前	参加者・機関名

○本人の意向

> 本人の状況、思い、希望などについて、語り等を用いて、ありのままに記入します。

○保護者の意向

> 保護者の状況、思い、希望などについて、語り等を用いてありのままに記入します。

○関係機関からの情報

> 関係機関の利用、通所状況、本人・保護者の状況、本人・保護者と関係機関の関係、支援目的・目標と支援内容、服薬状況、学校への助言などについて、機関別に記載します。

○支援状況

> 学校・関係機関が連携し目指す支援目標を協議し、決定した目標を記載します。

機関・分掌ごとの役割分担	短期目標	経過・評価

> 支援目標達成のため、学校、関係機関それぞれが行う支援を明確にします（役割分担）。それぞれの役割分担での短期目標、経過、評価を記載します。
> 例えば「学校は児童生徒主体の支援で何をするか」「児童相談所は、児童生徒支援のために保護者に何をするか」「教育支援センターは児童生徒・保護者に何をするか」等を記載します。

○確認・同意事項

> 会議の開催の目的・方法、情報の取り扱いについて、支援評価基準、情報の集約・情報発信係などを記載します。

○特記事項

> 次回会議の予定、会議の目的などについて記載します。

（文科省「児童生徒理解・支援シート」をもとに、周防作成）

ケース会議を行っている事案をまとめてみましょう

児童生徒理解・支援シート（協議シート）

日　付
記録者

学年・組	名前	参加者・機関名

○本人の意向

○保護者の意向

○関係機関からの情報

○支援状況

目標		

機関・分掌ごとの役割分担	短期目標	経過・評価

○確認・同意事項

○特記事項

〈記入例〉

児童生徒理解・支援シート（協議シート）

日　付　2022. 6. 2
記録者　△△△

学年・組	名前	参加者・機関名
		児童相談所、福祉事務所、教育支援センター 教育委員会、○○小学校、○○中学校（教頭、担任、学年主任、SCほか）

○本人の意向

学校には行きたいが、皆がどう思うか怖い。
勉強もしていないので不安。（2022年2月15日電話にて）

○保護者の意向

学校に行ってほしいが、登校を促すと怒り出すので、困っている。
（2022年4月2日電話にて）

○関係機関からの情報

福祉事務所：経済的に困窮している様子はない。
児童相談所：5月24日に電話がつながった。母親が「児童相談所に行きたいが、休みがない」と言ったので、訪問すると伝えたところ「家には入ってほしくない。玄関先ならいい」と言った。子どもの安否確認も必要。6月10日に訪問し、状況を確認する。家庭訪問後、福祉事務所と福祉支援の対応を協議予定。
教育支援センター：5月20日、「Aがイライラすることが多くなった」と母から電話があった。

○支援状況

目標		
親子関係の安定と子どもの発達保障（再登校）		
機関・分掌ごとの役割分担	短期目標	経過・評価
児童相談所	子どもの安全保障・家庭の安定	6／10家庭訪問予定
福祉事務所	子どもの安全保障・家庭の安定	福祉サービス提供（7月評価）
教育支援センター	子どもの発達保障	センターの再利用（8月評価）
小学校	子どもの発達・学習保障、登校支援	週1回家庭訪問（7月評価）
中学校	子どもの発達・学習保障、登校支援	週1回家庭連絡（7月評価）

○確認・同意事項

支援目標、役割、集約の確認。
緊急・介入時の確認：家庭との連絡が取れなくなったときは介入、必要時一時保護について。
地域の見守りを、福祉事務所から民生委員・児童委員に依頼する。

○特記事項

次回、7月末会議予定、母子状況の確認と支援評価、支援内容について検討

支援シートの作成は、時間がかかると思われているでしょう。

　しかし、支援シートの利用を積み重ねるうちに、記載のパターンが見え
てきます。

　ジグソーパズルをはめていくように、わかるところから記入していきま
しょう。

　支援シートなどを使っていない学校は、文科省「児童生徒理解・支援シ
ート」を、まずは使ってみてください。

使いにくい箇所は、校内で検討し修正すればよいのです。

3 児童生徒理解・支援シートの引き継ぎ

　児童生徒理解・支援シートは、個人情報そのものです。児童生徒理解・支援シートの引き継ぎや情報共有時には、個人情報の取り扱いに注意が必要です。進学や関係機関などの引き継ぎにあたっては、子どもや保護者の同意が原則です。

同意を得るときは……

> 引き継ぐことのメリット、引き継ぐ内容などを丁寧に説明しましょう。
> 支援シートの内容、個人情報の取り扱い、関係機関と共有する情報の範囲について理解を得ましょう。

　また、児童生徒理解・支援シート以外のもので関係機関などと情報共有を図るときも同様の注意が必要です。

　学校以外の関係機関との情報共有における支援シートの提供には、関係機関の守秘義務の扱い、情報の保管などについて確認することが必要です。

効果的な支援計画を作成するための留意点

❶子どもへの働きかけだけでなく、家族、友達、学級、部活動、地域など様々なレベルに働きかける。

❷支援の理由や支援方法などを子どもや保護者に説明し、協力を得る。

❸支援計画は、いつ、誰が、誰に、どこで、どのように支援を行うかを具体的に記入し役割分担を明確にする（チーム支援）。

効果のない支援を続けても、問題解決につながりません。

支援を行う教員が負担感や時として挫折感を抱くことがあります。

効果がなかった支援を省くこと（消去法）で、

問題解決に合致する支援方法が狭まってきます。

引用・参考文献

- Mezirow 著，金澤睦・三輪建二監訳『おとなの学びと変容：変容的学習とは何か』鳳書房　2012
- 遠藤貴広「教員養成カリキュラム改革実践の批判的省察：省察の深さとその評価をめぐって」『教師教育研究』Vol.7　pp.163-183　2014
- 石川慶子『なぜあの学校は危機対応を間違えたのか：被害を最小限に抑え信頼を守るクライシスコミュニケーション』教育開発研究所　2020
- 福田ますみ『モンスターマザー：長野・丸子実業「いじめ自殺事件」教師たちの闘い』新潮社　2016
- 片山紀子「教育相談と生徒指導」森田洋司・山下一夫監修『チーム学校時代の生徒指導』pp.100-112　学事出版　2020
- 片山紀子・太田肇・森口光輔『職員室の承認をつくる科学：学校を働きがいのある職場にするためのヒント』ジダイ社　2021
- 「いじめ防止対策推進法」2013
- 日本弁護士連合会『いじめ問題ハンドブック：学校に子どもの人権を』こうち書房　1995
- 日本看護協会「看護記録に関する指針」2018
- 文部科学省「児童生徒理解・支援シート」2017
- 文部科学省「学校・教育委員会等向け虐待対応の手引き（令和2年6月改訂版）」2020
- 文部科学省「児童生徒の教育相談の充実について～学校の教育力を高める組織的な教育相談体制づくり～（報告）」2017
- 周防美智子「効果的な不登校予防、早期支援に向けて」『岡山県教育時報』2020
- 福祉臨床シリーズ編集委員会編，八重樫牧子・原陽子責任編集，周防美智子分担執筆『児童や家庭に対する支援と児童・家庭福祉制度〔第4版〕』弘文堂　2020
- 周防美智子・片山紀子『生徒指導ハンドブック　生徒指導の記録の取り方：個人メモから公的記録まで』月刊生徒指導2021年5月増刊号　学事出版　2021
- 周防美智子「ささいなトラブルの記録と報告」『月刊生徒指導』2021年12月号　pp.24-28　学事出版　2021

おわりに

　私たちは、学校で生徒指導事案が起こり、それがマスコミで取り上げられるたびに、心を痛め、どうやったら防げるのだろうかと考え続けています。それぞれに複雑な事情や背景があるでしょうが、その解の１つが正しく記録を取ることではないかと考えています。

　本書を読んでくださった読者のみなさんが、記録の重要性に気づき、記録の書き方に自信をもっていただけたら、私たちが執筆した目的は半分果たせたことになります。あとはみなさんが現場で実践していただき、いじめなどの生徒指導事案が減ることを願うばかりです。

　本書作成の過程では、生徒指導の実務専門家　吉田順先生、京都教育大学大学院修了生で小学校教諭　植田まさしさん、扇拓也さん、扇維茉莉さん、高萩大貴さん、堀江一成さん、中学校教諭　藤本侑樹さん、小西俊伸さん、国士舘大学卒業生で養護教諭　堀江菜摘さんから貴重なアドバイスをいただき、助けていただきました。

　本書の刊行に際しては、今回もまた学事出版の町田春菜氏にお世話になりました。書籍化にご尽力いただき、刊行を実現していただいたこと、とてもありがたく思っています。後押ししていただいた学事出版にも、こころより感謝申し上げます。

2023年5月　片山 紀子

※本書は『月刊生徒指導』2021年5月増刊号『生徒指導ハンドブック　生徒指導の記録
の取り方：個人メモから公的記録まで』を大幅に加筆・修正し、書籍化したものです。

著者プロフィール

片山 紀子（かたやま・のりこ）

奈良女子大学大学院人間文化研究科比較文化学専攻博士後期課程修了　博士（文学）。現在、京都教育大学大学院連合教職実践研究科教授。

著書に『四訂版　入門生徒指導─持続可能な生徒指導への転換』（学事出版・単著）、『アメリカ合衆国における学校体罰の研究─懲戒制度と規律に関する歴史的・実証的検証─』（風間書房・単著）などがある。

○お問い合わせ：noriko@kyokyo-u.ac.jp

周防 美智子（すおう・みちこ）

大阪府立大学大学院人間社会研究科社会福祉学専攻博士後期課程単位修得退学　社会福祉学修士。現在、岡山県立大学保健福祉学部現代福祉学科特任准教授。

著書に『エビデンスに基づく効果的なスクールソーシャルワーク─現場で使える教育行政との協働プログラム─』（明石書店・共著）、『生徒指導ハンドブック　生徒指導の記録の取り方：個人メモから公的記録まで』（学事出版・共著）などがある。『児童生徒の問題行動の要因に関する研究─抑うつと児童生徒が抱える課題の関連から─』2020年日本小児保健協会学術集会優秀演題賞受賞。

○お問い合わせ：suwo@fhw.oka-pu.ac.jp

※情報は刊行当時のものです。

生徒指導の記録の取り方

～個人メモから公的記録まで～

2023年6月18日　　初版第1刷発行
2024年12月20日　　初版第3刷発行

著　者　周防美智子・片山紀子
発行人　鈴木宣昭
発行所　学事出版株式会社
　　　　〒101-0051　東京都千代田区神田神保町1-2-5
　　　　電話　03-3518-9655
　　　　https://www.gakuji.co.jp/

編 集 協 力　古川顕一
本文・表紙デザイン　松井里美
印刷・製本　研友社印刷株式会社

落丁・乱丁本はお取り替えします。
ISBN 978-4-7619-2928-2　C3037